Chamoni

Simulation störanfälliger Systeme

Bochumer Beiträge
zur Unternehmungsführung und
Unternehmensforschung

Herausgegeben von

Prof. Dr. Hans Besters
Prof. Dr. Dr. h. c. Walther Busse von Colbe
Prof. Dr. Werner Engelhardt
Prof. Dr. Arno Jaeger
Prof. Dr. Gert Laßmann
Prof. Dr. Wolfgang Maßberg
Prof. Dr. Eberhard Schwark
Prof. Dr. Rolf Wartmann

Band 29

Institut für Unternehmungsführung
und Unternehmensforschung
der Ruhr-Universität Bochum

Peter Chamoni

Simulation störanfälliger Systeme

Praxisorientierte Modelle und deren Einsatz auf Mikrocomputern zur betriebswirtschaftlichen Bewertung von Störungen komplexer Systeme

CIP-Kurztitelaufnahme der Deutschen Bibliothek

Chamoni, Peter:
Simulation störanfälliger Systeme : preisorientierte Modelle u. deren Einsatz auf Microcomputern zur betriebswirtschaftl. Bewertung von Störungen komplexer Systeme / Peter Chamoni. – Wiesbaden : Gabler, 1986.
(Bochumer Beiträge zur Unternehmungsführung und Unternehmensforschung ; Bd. 29)
ISBN 978-3-409-13905-2

NE: GT

Druck und Buchbinder: Lengericher Handelsdruckerei, 4540 Lengerich/Westf.

ISBN 978-3-409-13905-2

Geleitwort

Die Frage, wie zuverlässig ein aus „Teilen" zusammengesetztes „System" funktioniert, ist ebenso alt wie die Konstruktion und Benutzung von Hilfsmitteln durch den Menschen. Das Problem „Zuverlässigkeit" wächst in seiner Bedeutung mit der Komplexität jener Systeme (z. B. Kommunikationsnetzwerke, betriebliche Organisationen), und diese beeinflußt die anzustellenden betriebswirtschaftlichen Betrachtungen. Seit langem bemüht man sich, besagte Zuverlässigkeit rechnerisch zu erfassen, etwa in Gestalt der mittleren (ungestörten) Funktionsdauer u. a. m. Dabei gilt in aller Regel ein Vorgang erst dann als „verstanden" und damit als beherrschbar, wenn er – formelmäßig von einem „Modell" abgeleitet – in seiner Funktionsweise analytisch „durchschaut" und auf andere bereits verstandene Phänomene zurückgeführt werden kann.

In diesem Sinne werden hinsichtlich Zuverlässigkeit an derartigen Modellen formelmäßig analysierende Lösungen erarbeitet. Nun sind jedoch analytische Modelle – ihrer Formulierbarkeit und Rechenbarkeit wegen – hinsichtlich Voraussetzungen und abbildbarer Komplexität (Abstraktion von der Realität) a priori erheblichen Beschränkungen unterworfen. So beruhen insbesondere die analytischen Modelle zur Zuverlässigkeit von Systemen letztlich sämtlich (mehr oder weniger in Markov- und Erneuerungsprozessen versteckt) auf der bekannten Theorie der Warteschlangen mit ihren einschneidenden statistischen Voraussetzungen. Damit aber betreffen die gewonnenen Ergebnisse häufig nur das „Grundsätzliche", d. h. sie sind im konkreten Einzelfall nur bedingt brauchbar. Weiter ist das Wechselspiel der gegenseitigen Beeinflussung der Teile eines störanfälligen Systems (z. B. Überbeanspruchung einer Komponente bei Ausfall einer anderen) mit analytischen Modellen praktisch nicht zu erfassen. Schließlich taugen letztere in der Regel nur für stationäre Systemzustände.

Neben den analytischen Modellen stehen die Simulationsmodelle. Diese gehen – anders als erstere – quasi synthetisch vor: Ein System wird in seinen Teilen und deren Zusammenspiel modelliert, und das sich daraus ergebende in der Zeit ablaufende Geschehen wird „nachgespielt". Dies hat zur Folge, daß die Nachteile der analytischen Modelle entfallen, jedoch ist hierfür ein Preis in zweifacher Hinsicht zu zahlen. Zum ersten liefert eine Simulation kein formelmäßig zu „verstehendes", sondern nur ein punktuelles Ergebnis für ein gegebenes Szenario; folglich können Tendenzen der Lösung bei Parameteränderung oder gar eine Optimierung nur per „trial and error" erkannt werden. Zum zweiten erwächst mit der *Möglichkeit* des Erfassens von (maßgebenden) Details auch die *Notwendigkeit* dazu.

Mit dem erstgenannten Handicap muß man leben, das zweite dagegen kann – im Rahmen des „Personal Computing" – geradezu ins (positive) Gegenteil verkehrt werden, wenn entsprechende „Tools" verfügbar sind, d. h. wenn beim Aufbauen und Betreiben eines Simulationsmodells – ohne sich mit mathematischem und computertechnischem Beiwerk auseinandersetzen zu müssen – der Anwender sich lediglich mit den Voraussetzungen und der Struktur seines Problems zu befassen braucht.

Die hier vorgelegte Arbeit schildert und begründet vor dem Hintergrund der analytischen Modelle, wie ein solches Werkzeug für Zuverlässigkeitssimulationen zu gestalten ist. Ein praktisches Beispiel (störanfälliges System aus Datenbanken, Computern, Terminals etc.) erlaubt in einem betriebswirtschaftlichen Exkurs die Interpretation erlangter Ergebnisse.

Die Gestaltung des erarbeiteten Werkzeugs erlaubt dem Benutzer, sein sachlogisches Problem bei einfachster Handhabung in einer Vielzahl von Varianten durchzuspielen. Zusätzlich erwähnt sei, daß das Tool auch (unzuverlässige) Systeme hinsichtlich ihrer *partiellen* Funktionstüchtigkeit zu analysieren gestattet im Sinne mehrfacher Zielsetzung.

Abschließend sei festgehalten: Die Methode der Simulation erweist einmal mehr Flexibilität und Praxisnähe. Darüber hinaus aber zeigt sich, daß dem sachliche Probleme Lösenden – hier: Zuverlässigkeit störanfälliger Systeme – mächtige und bei aller Spezialisierung dennoch weite Aufgabenbereiche umfassende Hilfsmittel an die Hand gegeben werden können, die ihn beim Aufbauen und beim Betreiben seiner Modelle von Mathematik und „Computer-Science" weitestgehend freistellen. – Ich wünsche der Arbeit die ihr zustehende Beachtung.

Prof. Dr. R. Wartmann

Inhaltsverzeichnis

Abbildungsverzeichnis

I Einführung

1. Einleitung

Das Interesse an der Zuverlässigkeitstheorie ist in den letzten Jahren in dem Maße gestiegen, wie die hochentwickelte Technologie Generationssprünge machte. Stand am Anfang die Aufgabe, wirkungsvolle Steuermechanismen für automatisierte Produktionsprozesse zu schaffen, so hat sich heute das Anwendungsgebiet der Zuverlässigkeitstheorie auf weite Gebiete des Alltagslebens ausgedehnt.
Die Korrelation zwischen Zuverlässigkeitsanspruch und Technologieeinsatz ist evident und unterstreicht einmal mehr, daß die Betrachtung von intakten und defekten Zuständen eine Domäne der Ingenieure ist. Auch wenn Betriebswirtschaft, Medizin oder Sozialwissenschaft sich des Ausfallereignisses annehmen, so bleibt im Endeffekt die Quantifizierung und damit Hinwendung zur Technologie dennoch notwendig.
Besonders deutliche Zeichen setzt der Mikrochip, dessen störungsfreies Funktionieren immer lebenswichtiger wird. Vom theoretischen Standpunkt des Mathematikers ist die Zuverlässigkeitsberechnung fast wertfrei geworden, was nicht immer für die Realitätsnähe der formulierten Modelle spricht. Gerade durch das Kalkül der stochastischen Prozesse werden Verteilungsprämissen stringenter und schrecken stichprobenarme Praktiker.
Der Prototyp von Exponentialverteilung mit seinen Derivaten Erlang- und Weibullverteilung stehen in vielen technischen Anwendungen zu Recht für analytische Vorgehensweise und berechnete Ergebnisse. Doch bei unscharfen Daten, fehlenden Verteilungsprämissen und Abhängigkeiten ist der Weg über eine Simulation meist der einzig gangbare. In der Flexibilität liegt die Stärke, die sie zu einem mächtigen Instrument machen kann.

Gerade im betriebswirtschaftlichen Umfeld der oftmals mehrdimensionalen Bewertung von störanfälligen Systemen liegt es nahe, Modellaufbau und -ablauf sowie Bewertung in interaktiver Form auf einem Rechner zu installieren. Gängige Modelle der Fertigungswirtschaft können ebenso formuliert und validiert werden wie komplexe Kommunikationsnetzwerke. Dem Aspekt der Zuverlässigkeit und Schwachstellenanalyse wird um so mehr Rechnung getragen, als die visuelle Darstellung des dynamischen Verhaltens am Bildschirm für wesentlich mehr Transparenz sorgt.

Neben dem Anliegen des interaktiven Simulationsaufbaus und -ablaufs für stochastische Netze wird ein zweiter Ansatzpunkt in den Vordergrund treten; die wahrscheinlichkeitstheoretische Definition der Zuverlässigkeit als eindimensionale Größe ist für betriebswirtschaftliche Entscheidungsprozesse, die sich auf Störungsbeseitigung beziehen, zu eng, um alle relevanten Gesichtspunkte aufzudecken. Anstelle der reinen statistischen Ergebnisrechnung für Ausfallhäufigkeiten sollte eine mehrdimensionale Datenaufbereitung treten, die dem Entscheidungsträger ein breites Spektrum für seine Bewertungen bietet.

2. Zur Geschichte der Zuverlässigkeitstheorie

Technisch zuverlässige Strukturen zu entwickeln, geht geschichtlich so weit zurück, wie Menschen Werkzeuge benutzen. Waren es früher Versuche, die zu Erfolg oder Mißerfolg einer technischen Entwicklung führten, so sind es heute analytische Berechnungsalgorithmen oder Simulationen, die projektierte Systeme im Planungsstadium bereits validieren. Je komplexer die zu untersuchenden Objekte wurden, desto schwieriger wurde auch die Zuverlässigkeitsprüfung.

Eine mathematisch begründete Theorie, die aus der Wahrscheinlichkeitstheorie und Statistik abgeleitet wurde, entstand erst in den 30er Jahren. KHINTCHINE[1)] wandte die von ERLANG[2)] entwickelte Theorie der Poisson-verteilten Ankünfte im Bereich der Maschinenwartung (machine maintenance) an. Ebenso wie in der damaligen Zeit die Wahrscheinlichkeitstheorie entscheidende Schritte nach vorne tat[3)], wuchsen auch die Einsicht und das Vermögen, vorhandene Theorien in das neue Anwendungsfeld umzusetzen. WEIBULL[4)] entwickelte 1939 einen neuen Typ von Lebensdauerverteilung, der insbesondere zur statistischen Umschreibung von Materialermüdungen eingesetzt wurde und später vielfach weitere Anwendung erfuhr. Etwa gleichzeitig mit FELLERs[5)] mathematisch theoretischer Begründung setzte CAMPBELL[6)] die Erneuerungstheorie (renewal theory) zur stochastischen Ausfallbeschreibung und -berechnung ein. Die Entwicklung der Wehrtechnik im

---

1) KHINTCHINE [1932].

2) ERLANG [1927].

3) Vgl. KOLMOGOROFF [1933] und REICHENBACH [1932].

4) WEIBULL [1939].

5) FELLER [1941].

6) CAMPBELL[1941].

2.Weltkrieg gab große Innovationsschübe für die neu gegründeten Wissenschaftsdisziplinen "Computer Science" und "Operations Research". Die komplexen militärischen Waffensysteme konnten nicht mit "trial-and-error" - Verfahren entwickelt und erprobt werden, sondern verlangten nach wissenschaftlich fundierten Erkenntnissen (Raketen-, Radartechnik, Kommunikationssysteme).
Somit waren die 40er Jahre geprägt durch theoretisch begründete Verfahren zur Qualitätskontrolle. In den 50er Jahren wuchs neben dem militärischen Anwendungsfeld ein zweites Gebiet, nämlich Luftfahrt- und Weltraumtechnik heran, das ungleich höhere Anforderungen an Präzision und Zuverlässigkeit mit sich brachte. Hier seien nur die Arbeiten von BIRNBAUM, SAUNDERS[1] erwähnt.

Im weiteren Verlauf der neuen Zweige der angewandten Mathematik (Statistik, Operations Research) wurden grundlegende Arbeiten von LLOYD,LIPOW[2], BARLOW,PROSCHAN[3] und GNEDENKO[4] veröffentlicht, in denen das Gebiet der Zuverlässigkeitstheorie in ebenso umfassender wie mathematisch erschöpfender Art und Weise geordnet und dargelegt wird.
An Praxisrelevanz gewinnt das behandelte Thema durch die stürmische Entwicklung der Computertechnik in den 70er Jahren immer mehr. Es gibt kaum noch Steuermechanismen, die nicht elektronisch betrieben und sicherheitsempfindlich sind.
Durch neue Technologien wird das Augenmerk der Öffentlichkeit immer mehr auf die zugrundeliegende Zuverlässigkeit von installierten Systemen gelenkt. Wie zuverlässig sind unsere Atomkraftwerke ? Wie zuverlässig sind unsere Rechnerverbundnetze ? Nachdem die Zuverlässigkeit von etablierten Systemen wie Haushaltsmaschinen, Autos, Telefon und Computer (Prozeßsteuerung im weitesten Sinne)

---

1) BIRNBAUM ,SAUNDERS [1958].

2) LLOYD,LIPOW [1964].

3) BARLOW,PROSCHAN [1965].

4) GNEDENKO,BELJAJEW [1968].

als "conditio sine qua non" von jedermann vorausgesetzt wird, wächst das Unbehagen vor unüberschaubaren synthetisch logisch erzeugten Strukturen wie Software-Systemen[1]. Noch gibt es keine fundierten Erkenntnisse oder erschöpfenden Kriterienkataloge, die Qualitätsmaßstäbe oder Zuverlässigkeitsberechnungen für Software zulassen würden.
In dem Maße, in dem in den nächsten Jahren Computer- und Kommunikationsnetzwerke eingesetzt werden, muß auch für deren Zuverlässigkeit gesorgt werden.

---

[1] GAMMILL [1974].

3. Zielsetzung der Arbeit

Ausgehend von problemorientierten Betrachtungen über das stochastische Ausfallverhalten von allgemeinen Systemen (als Zusammenhang von funktionsausübenden Komponenten) wird ein mathematisches Modell vorgestellt, das in der Lage ist, die Struktur und das stochastische Verhalten solcher Systeme abzubilden.
Die Modellbildung ist dergestalt, daß mit Hilfe eines Microcomputers und entsprechender (Graphik-) Software sowohl strukturelle Zusammenhänge wie auch graphische Abbildungen der einzelnen Komponenten erfaßt werden können. Die zugrundeliegenden mathematischen Hilfsmittel zur Realisierung des Modells sind graphentheoretischer Art (Netzwerke). Entgegen den üblichen Ansätzen zur Berechnung des zu erwartenden Systemverhaltens wird kein analytisch statistisches Verfahren (Theorie der stochastischen Prozesse, Verteilungsapproximation) sondern die ereignisorientierte stochastische Simulation angewandt. Für den praktischen Einsatz mathematischer Modelle scheint es gerade im Bereich der Untersuchung von Störanfälligkeiten adäquat zu sein, auf starke Verteilungsprämissen (Exponentialverteilung) und Unabhängigkeit zu verzichten, um eine wesentlich flexiblere Modellgestaltung durch den Simulationsansatz zu erreichen. Durch den Einsatz EDV-gestützter visueller Algorithmen zur Modellgenerierung und Modellevaluierung kann eine Erhöhung der Akzeptanz für solche Verfahren erwartet werden, zumal sie auf transportablen und benutzerfreundlichen Microcomputern implementiert sind.
Der betriebswirtschaftliche Aspekt liegt in den Bewertungsverfahren, die dem Analytiker oder Entscheidungsträger graphisch aufbereitete Daten zur Verfügung stellen, die sich nicht auf ein einziges technisches Ausfallmerkmal beziehen, sondern eine Mehrzahl von Systemeigenschaften simultan aufzeigen. Die Verwendung von Netzstrukturen mit

mehreren Quellen und Senken ermöglicht es, jeder Senke eine Systemeigenschaft zuzuordnen, die je nach Binärzustand der entsprechenden Senke vorliegt oder fehlt. Entgegen dem klassischen Ansatz, nur die Systemzustände intakt und defekt zu betrachten, kann hier in einem beliebig gewählten Verfeinerungsgrad der Systemzustand beschrieben werden, sofern er funktional aus Komponentenzuständen ableitbar ist. Die multikriterielle Betrachtungsweise bietet eine tiefere ökonomische Sicht in das Systemverhalten. Durch die Vorgabe von Mindestanspruchsniveaus und Kostenrestriktionen kann die Simulation dazu dienen, zulässige Alternativen zu generieren oder Inkonsistenzen abzufangen. Die interaktive Gestaltung der Programme ermöglicht nach erfolgtem Modellaufbau im Benutzerdialog eine beliebige Folge von Modellkorrektur, Dateneingabe und Simulation.

II Grundlagen

1. Definitionen

1.1 Begriffsklärungen

Vor der Festlegung des mathematischen Grundkonzeptes müssen einige allgemeingültige Definitionen getroffen werden, die den Rahmen der notwendigen "Begriffswelt" festlegen.
Da im weiteren die Untersuchung von "störanfälligen Systemen" vorgenommen werden soll, müssen sowohl die stochastische Natur der Störung wie auch die Bewertungsgrundlagen für die sich einstellenden Systemzustände geklärt werden.
Unter einem Zustand versteht man die für eine Entscheidung relevanten Gegebenheiten, die für den Entscheidungsträger nicht (bzw. nicht mehr) beeinflußbar sind. Die Menge aller möglichen Zustände nennt man Zustandsraum.
Der allgegenwärtige Begriff des Systems kann für die vorliegenden Belange als implizit funktionstragend wie folgt definiert werden:
Ein System ist der ganzheitliche Zusammenhang von funktionsausübenden Teilen, wobei jedes Teil zumindest zwei Arten von "Funktionen" ausüben kann (z.B. intakt und defekt sein). Diese funktionsausübenden Teile sind als nicht zerlegbar betrachtete Einheiten anzusehen. Sie haben die Eigenschaft, Zustände des Systems, die letzterem bei ihrem So- oder Anders- oder Nichtfunktionieren zukommen, in beschreibbarer Art und Weise durch den Wechsel ihrer Funktionsart zu verändern.
Der Funktionsbegriff im Hinblick auf das System als Ganzes entspricht dem Funktionsbegriff seiner Teile: das System kann je nach seinen Zuständen diese oder jene Funktion ausüben (oder auch nicht). Die zeitlichen Zustandsänderungen des Systems werden hervorgerufen durch den besagten Wechsel der Funktionsart seiner Teile. Teile eines Systems mit der o.g. Eigenschaft nennt man auch Komponenten. Die Änderung eines

Zustandes stellt ein <u>Ereignis</u> [1] dar, das zu einem Zeitpunkt vonstatten geht. Die festlegende Vorschrift zur Zustandsänderung (beispielsweise durch Übergang eines Teiles vom Funktionieren zum Nichtfunktionieren oder umgekehrt), kann zufallsabhängig oder auch deterministisch sein. Im Falle des deterministischen Überganges können zukünftige Zustände sicher vorhergesagt werden. Der weitaus schwierigere Fall der stochastischen Zustandsübergänge ermöglicht die Bestimmung zukünftiger Zustände nur unter Unsicherheiten. Gerade unter dem Aspekt des betriebswirtschaftlichen Bewertens zur Entscheidungsvorbereitung muß besonderes Gewicht auf die Schärfe der Vorhersage gelegt werden.
Die Bewertung eines Systems bzw. einer Komponente wird neben vielen anderen Faktoren durch den "Nutzen" beeinflußt. Im einfachsten Sinne ist eine Komponente dann nützlich, wenn sie die geforderte Funktion ausübt, also beispielsweise intakt ist. Man spricht deshalb auch von einer funktionierenden oder intakten Komponente.
Der gegenteilige Fall des Nichtfunktionierens stellt eine Störung dar. Demnach manifestiert sich die Störung (Störanfälligkeit) in dem Abweichungsgrad von vorgegebenen wohldefinierten "zulässigen" Zuständen.
Unter einem <u>zulässigen</u> Zustand soll hier ein Zustand verstanden werden, der in einer vorher festgelegten Teilmenge des Zustandsraumes liegt, d.h. von allen möglichen Zuständen werden einige hervorgehoben, bei denen das System nicht in gewünschtem Umfang funktioniert (defekt ist).
Da Ereignisse zeitpunktbezogen sind, folgt daraus, daß ein Zustand, der sich nach einem Ereignis einstellt, auf einen Zeitraum (ein Zeitintervall) bezogen werden muß. Über einen festgelegten Zeitraum hinweg kann das Systemverhalten mittels der eintretenden Ereignisse beobachtet

---

[1] Die hier vorläufig getroffene Festlegung bezieht sich nur auf die Feststellung einer Zustandsänderung. Vergleiche hierzu auch 1.2 (Elementarereignis).

und bewertet werden. Eine wichtige zeitraumbezogene Systembewertung besteht darin festzustellen, ob in allen zustandsinvarianten eingeschlossenen Zeitintervallen Zustände vorliegen, die zulässig sind. Eben diese Bewertung der Zulässigkeit wird als Zuverlässigkeit definiert. Die Verfügbarkeit demgegenüber ist der Anteil von Zeitintervallen mit zulässigen Zuständen, bezogen auf die gesamte betrachtete Periode.
Der bisher nicht abgegrenzte problematische Begriff der Messung von Zuständen bedarf einer detaillierten mathematischen Behandlung. Offensichtlich haben die bisher behandelten Begriffe Funktion, Störung, Zuverlässigkeit und Verfügbarkeit wegen ihrer Zustandsabhängigkeit (bzw. Zustandbewertung) multikriterielle Eigenschaften.
Hiermit kann beispielsweise gemeint sein, daß das System als Ganzes eine gewisse Funktion nicht mehr, eine andere aber noch hinreichend ausführt. Ein Kommunikationssystem wird etwa bei kostenintensiven Steigerungen der Übertragungsgeschwindigkeit mehr Übertragungsfehler produzieren, die nur bis zu einem gewissen Maße noch tolerierbar sind, d.h. die Funktion der Übertragung von Information kann unter den voneinander abhängigen Gesichtspunkten Geschwindigkeit und Sicherheit betrachtet werden.
Zusammengefaßt kann gesagt werden, daß ein störanfälliges System einen Zusammenhang von funktionsausübenden Komponenten darstellt, die stochastisch zeitbezogenen Zustandsänderungen (beispielsweise Ausfall) unterliegen. Eine Störung des Systems liegt dann vor, wenn sich "unerwünschte" Zustände einstellen, d.h. einige Funktionsausführungen werden als Störungen angesehen.
Der angesprochene Zusammenhang der eine Einheit bildenden Komponenten ist darstellbar als Verknüpfung der Komponenten untereinander. Alle abgeleiteten Funktionen zwischen den

Komponenten ermöglichen in ihrer Gesamtheit den Aufbau einer Systemfunktion. In Kapitel 2 werden Systeme mit Netzwerkstruktur eingeführt, die im allgemeinen Fall als mathematisches Modell eine starke Realitätsnähe versprechen.

1.2 Stochastische Grundbegriffe

Das folgende einführende Kapitel in die Grundlagen der Wahrscheinlichkeitstheorie klärt nur die im weiterem Verlauf benutzte Terminologie, ist aber keine vollständige Einführung in das Themengebiet [1].

Zumindest vier Vorgehensweisen sind aus wissenschaftlicher Sicht gangbar, um den Begriff der Wahrscheinlichkeit theoretisch abzugrenzen. Der klassische Ansatz,von BERNOULLI [2] und LAPLACE [3] begründet, legt die Wahrscheinlichkeit als Verhältnis der günstigen zu allen möglichen Fällen fest, eine Sichtweise, die durch Aufgabenstellungen aus Glücksspielen nahelag. Sehr bald erwies sich die Unzulänglichkeit dieser Definition.

Ein aus tieferen philosophischen Betrachtungen hervorgehendes Konzept wurde erstmals von KEYNES [4] und JEFFREYS [5] entwickelt. Dieser Ansatz aus der Logik legt den Begriff der Wahrscheinlichkeit als Grad der Gewißheit über getroffene Aussagen fest (Zutreffen einer Hypothese). Ohne hierauf näher einzugehen, sei diesbezüglich festgestellt, daß dieser Ansatz nicht hinreichend tragfähig für quantitative Methoden ist.

Als dritter Ansatz kann das pragmatisch interpretierende Konzept der Wahrscheinlichkeit als Grenzwert der relativen Häufigkeiten [6] angesehen werden, das für praktische Anwendungen oft benutzt wird, aber schwerwiegende Mängel in der theoretischen Grundlage aufweist.

Die mathematisch axiomatische Behandlung als letzte und derzeit weitestgehend anerkannte Vorgehensweise ist wertfrei mengentheoretisch orientiert und setzt die Wahrscheinlichkeit als Maß auf Mengen fest [7].

---

[1] FELLER [1957],LOÈVE [1963],BAUER [1964],SCHMETTERER [1966].

[2] BERNOULLI [1713].

[3] LAPLACE [1812].

[4] KEYNES [1912].

[5] JEFFREYS [1939].

[6] vgl. REICHENBACH [1915], VON MISES [1919].

[7] KOLMOGOROV [1933].

In diesem Sinn muß der in 1.1 eingeführte Begriff des Ereignisses unter Berücksichtigung der stochastischen Betrachtungsweise präzisiert werden. Unter den zu betrachtenden Zufallsvorgängen sind (zumindest im Prinzip beliebig oft) wiederholbare Vorgänge mit ungewissem Ergebnis (Zufallsergebnis) zu verstehen.
Alle möglichen (Einzel-) Ergebnisse eines Zufallsvorgangs (bzw. mehrere zusammengehörige solcher) bilden in ihrer Zusammenfassung den Ereignisraum; damit stellen sich die Ereignissse als Teilmenge dieses Raumes dar. Ereignisse mit nur einem Ergebnis heißen Elementarereignis [1].
Wird bei einem derartigen Zufallsvorgang jedem Zufallsergebnis eine reelle Zahl zugeordnet, so entsteht damit eine Zufallsvariable z mit eben jenen reellen Zahlen als Wertevorrat bzw. als mögliche "Ausprägungen". Wir werden nur solche reellwertigen Zufallsvariablen z betrachten, für die zu jedem $z \leq x$ mit reellem x ein Ereignis gehört, dem im Sinn der Kolmogoroffschen Axiomatik [2] eine Wahrscheinlichkeit $P(\{z \leq x\})$ zugeordnet werden kann [3], d.h. es soll für die hier betrachtete Zufallsvariable stets die Verteilungsfunktion

$$F_z(x) := P(\{z \leq x\})$$

existieren. Für die vorstehend eingeführte Wahrscheinlichkeit P [4] gilt

$$P(A) \in [0,1] \quad \text{für alle Ereignisse } A$$ [5],

sowie weiter:

Falls zwei Ereignisse A und B nicht zugleich eintreffen können ($A \cap B = \emptyset$), ist die Wahrscheinlichkeit für das Eintreffen von A oder B ($A \cup B$)

$$P(A \cup B) = P(A) + P(B) .$$

Ausgehend von diesen Begriffsfestlegungen können nachfolgende Definitionen getroffen werden.

---

[1] Z.B. das Ziehen einer Kugel aus einer Urne mit durchgehend numerierten Kugeln im Gegensatz zum beispielsweise gleichzeitigen Ziehen zweier Kugeln.

[2] siehe SCHMETTERER [1966,S.28 ff.].

[3] Im Fall einer Zufallsvariablen z, die nur die Werte 0 oder 1 annimmt, werden die Wahrscheinlichkeiten $P(\{z=0\})$ bzw. $P(\{z=1\})$ betrachtet.

[4] siehe SCHMETTERER [1966,S.28 ff.].

[5] D.h. P(A) ist Element im Intervall [0,1].

1.2.1 Definition

Die Ereignisse A und B sind unabhängig, falls für die Wahrscheinlichkeit, daß A und B zugleich eintreffen, gilt:

(1.2.1) $$P(A \cap B) = P(A) \cdot P(B) .$$

1.2.2 Definition

Die bedingte Wahrscheinlichkeit $P(A|B)$ für das Eintreffen von A unter der Bedingung, daß B zugleich eintrifft, ist bestimmt durch

(1.2.2) $$P(A|B) = \frac{P(A \cap B)}{P(B)} .$$

1.2.3 Definition

Einen Vektor $\underline{z} := (z_1, .., z_n)$, dessen Komponenten $z_1, .., z_n$ Zufallsvariablen sind, nennt man Zufallsvektor.

Zusätzlich ergibt sich allein aus der Additivität der Wahrscheinlichkeit:

1.2.4 Bemerkung

Jede Verteilungsfunktion

$$F_z(x) = P(\{z \leq x\})$$ hat die Eigenschaft:

(1.2.4) aus $x_1 \leq x_2$ folgt $F_z(x_1) \leq F_z(x_2)$,

d.h. F_z läuft von 0 bis 1, ohne dabei zu fallen (Isotonie).

Abb.II-1

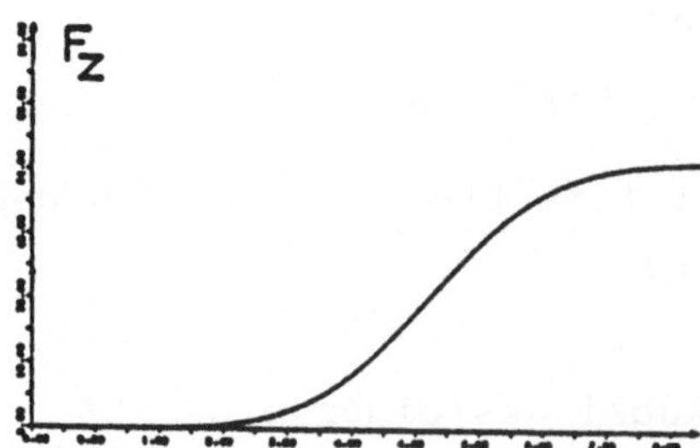

1.2.5 <u>Definition</u>

Findet man eine Funktion $f_z(x)$, für die gilt:

(1.2.5) $$F_z(x) = \int_{-\infty}^{x} f_z(y)dy \quad \text{für alle reellen Werte } x$$

dann heißt f_z <u>Dichte</u> (Dichtefunktion).

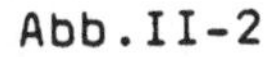
Abb.II-2

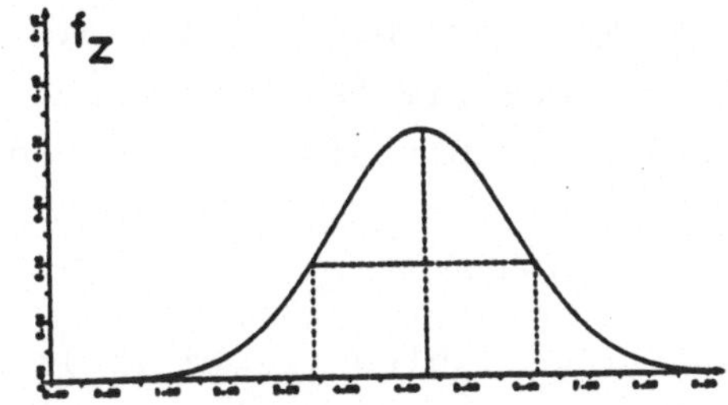

$$f_z(x) = \frac{F_z(x+dx) - F_z(x)}{dx} = \lim_{\Delta x \to 0} \frac{P(\{x<z\leq x+\Delta x\})}{\Delta x}$$

1.2.6 <u>Folgerung</u>

Aus 1.2.1 folgt, daß mehrere Zufallsvariablen $z_1, z_2, .., z_n$ unabhängig sind, wenn gilt:

(1.2.6.1) $$F_{\underline{z}}(x_1,..,x_n) = \prod_{i=1}^{n} F_{z_i}(x_i) \quad , \text{bzw.}$$

(1.2.6.2) $$f_{\underline{z}}(x_1,..,x_n) = \prod_{i=1}^{n} f_{z_i}(x_i) \,.$$

1.2.7 <u>Definition</u>

Unter dem <u>Erwartungswert</u> $E(z)$ der Zufallsvariablen z versteht man den Wert

(1.2.7.1) $$E(z) := \int_{-\infty}^{\infty} x \cdot f_z(x)dx \quad ,$$

der anschaulich dem langzeitigen Mittelwert der Zufallsvariablen z entspricht.

1.2.8 <u>Folgerung</u>

Für den Erwartungswert gilt:

(1.2.8.1) $E(a \cdot z) = a \cdot E(z)$

(1.2.8.2) $E(z_1+z_2) = E(z_1) + E(z_2)$

(1.2.8.3) $E(z_1 \cdot z_2) = E(z_1) \cdot E(z_2)$, z_1 und z_2 unabhg.

(1.2.8.4) aus $F_{z_1} \leq F_{z_2}$ folgt $E(z_1) \leq E(z_2)$

1.2.9 Definition

Die Varianz der Zufallsvariablen z ist definiert durch

(1.2.9.1) $$V(z) := E(z-E(z))^2$$

(Folgerung: $V(z) = E(z^2) - E(z)^2$)

Analog zu 1.2.7 kann man sich die Varianz als mittlere quadratische (quadrierte) Abweichung der Zufallsvariablen von ihrem Mittelwert veranschaulichen.

1.2.10 Definition

Seien z_1 und z_2 Zufallsvariablen ($\underline{z} = (z_1, z_2)$) und $f_{\underline{z}}$ die Dichtefunktion von $\underline{z}$. Dann ist durch

(1.2.10.1) $$f_{z_1}(x_1 | x_2) = \frac{f_{\underline{z}}(\underline{x})}{f_{z_2}(x_2)}$$ (analog zu 1.2.2)

die bedingte Verteilung von z_1 unter z_2 gegeben.

1.2.11 Definition

Die Familie z(t) mit $t \varepsilon T$ und T als Parameterraum[1)] heißt stochastischer Prozeß, wenn z(t) eine Zufallsvariable für alle t ist.

Hierzu sei ergänzend zur Klasseneinteilung der stochastischen Prozesse die folgende Bemerkung gemacht:

1.2.12 Bemerkung

Klassen von stochastischen Prozessen Abb.II-3

Zustandsraum / Parameterraum	endlich	abzählbar	kontinuierl.
$T \equiv \mathbb{N}$ diskret	$z(k) \varepsilon \{1,..,n\}$	$z(k) \varepsilon \mathbb{N}$	$z(k) \varepsilon \mathbb{R}$
$T \equiv \mathbb{R}$ kontinuierl.	$z(t) \varepsilon \{1,..,n\}$	$z(t) \varepsilon \mathbb{N}$	$z(t) \varepsilon \mathbb{R}$ [2)]

[1)] Der Parameter t wird üblicherweise als Zeitparameter interpretiert. Bei Diskretisierung von T schreibt man k statt t.

[2)] Bei der Betrachtung von stochastischen Prozessen, deren Realisationen als Zeiten interpretiert werden, muß sorgfältig zwischen Zustandsraum und Parameterraum unterschieden werden (z.B. $z(t)=t^*$).

1.2.13 <u>Definition</u>

Sei $z(t)$ ein stochastischer Prozeß mit abzählbarem Zustandsraum und gilt für alle $t \geq s$ mit $0 \leq s_0 < s_1 < s_2 < \ldots < s_n < s$:

(1.2.13.1)
$$P(\{z(t)=j\} \mid \{z(s)=i, z(s_n)=i_n, \ldots, z(s_0)=i_0\})$$
$$= P(\{z(t)=j\} \mid \{z(s)=i\}) \; ,$$

dann heißt (1.2.13.1) <u>Markov-Eigenschaft</u> und $P(\{z(t)=j\} \mid \{z(s)=i\})$ <u>Übergangswahrscheinlichkeit</u>.

Anschaulich besagt die Markov-Eigenschaft, daß der Übergang des Prozesses von Zustand i zum Zeitpunkt s in den Zustand j zum Zeitpunkt t unabhängig vom Prozeßverlauf vor dem Zeitpunkt s ist.

1.2.14 <u>Folgerung</u>

Für einen Prozeß $z(t)$ mit der Markov-Eigenschaft gilt:

$$P(\{z(t+s_0)=j\} \mid \{z(s+s_0)=i\}) = P(\{z(t)=j\} \mid \{z(s)=i\})$$

d.h. der Prozeß $z(t)$ ist <u>homogen</u> (stationär).
Die Homogenität besagt, daß die Wahrscheinlichkeit des Überganges vom Zustand i in den Zustand j unabhängig von der betrachteten Zeit ist.

1.2.15 <u>Definition</u>

Sei $\tau_1, \tau_2, \tau_3, \ldots$ eine Folge von unabhängigen Zufallsvariablen mit identischer Verteilungsfunktion $F_{\tau_i} = F_\tau$, dann heißt der spezielle stochastische Prozeß, der aus der Folge $\xi(0), \xi(1), \xi(3), \ldots$ mit

$$\xi(0) := 0 \quad \text{und} \quad \xi(k) := \tau_1 + \tau_2 + \ldots + \tau_k$$

gebildet wird, <u>Erneuerungsprozeß</u>.

Dieser Prozeß wird später zur Beschreibung von sich nach Ausfällen erneuernden Arbeitszyklen benutzt, woher auch der Name stammt.

Abb.II-4 Darstellung des Erneuerungsprozesses

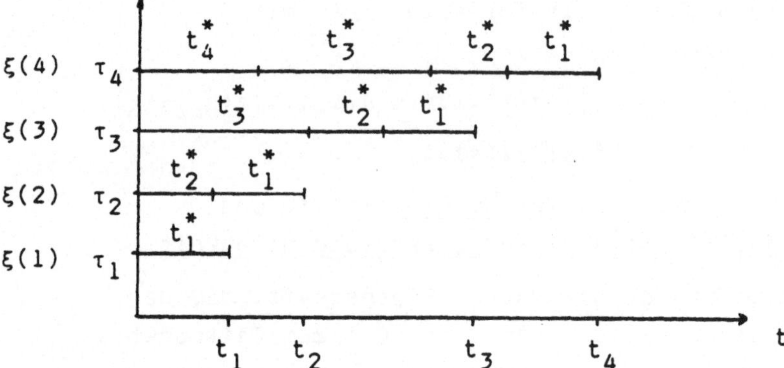

Auf der Abszisse sind nicht die Parameterwerte des Erneuerungsprozesses aufgetragen, sondern die Realisationen. Vergleiche in 1.2.12 den Fall: diskreter Parameterraum, kontinuierlicher Zustandsraum.

1.3 Wahrscheinlichkeitsverteilungen und ihre Verwendungen

1.3.1 Diskrete Verteilungen

Kann die Zufallsvariable z der zu betrachtenden Verteilung nur abzählbar viele Werte annehmen, dann nennt man z und ihre Verteilungsfunktion F_z diskret.

Abb.II-5 [1)]

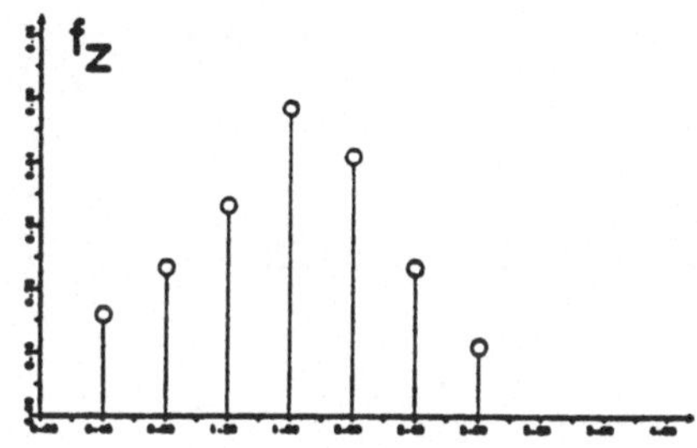

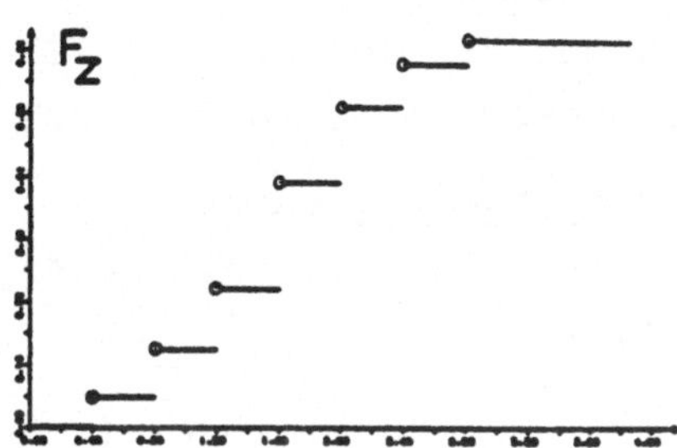

Dieser Typ von Verteilungen ist dann interessant, wenn beispielsweise Beobachtungen über eine endliche Anzahl von Ereignissen gemacht werden und deren Eintreten stochastisch beschrieben werden soll. Treten beispielsweise m verschiedene Störungen in einem stationären System auf, so ist deren diskrete Verteilung durch die Wahrscheinlichkeit ihres Eintretens beschrieben

$$F_z(i) = \sum_{j=1}^{i} P(\{z=j\})$$

wobei für $P(\{z=i\})$ kürzer $f_z(i)$ geschrieben werden kann. Die Zufallsvariable z ist gleichverteilt, wenn alle Ereignisse $A_1,..,A_n$ mit der gleichen Wahrscheinlichkeit auftreten

$$f_z(1) = f_z(2) = .. = f_z(n) = {}^1/_n \quad \text{und somit}$$

$$F_z(i) = \sum_{j=1}^{i} f_z(j) = {}^i/_n .$$

Unter einer Vielzahl von diskreten Verteilungen ist die Poisson-Verteilung

$$(1.3.1.1) \qquad P(\{z \leq k\}) = F_z(k) = \sum_{i=1}^{k} f_z(i) := \sum_{i=1}^{k} \frac{\alpha^i}{i!} e^{-\alpha}$$

mit Parameter hervorzuheben, da diese Verteilung insbe-

---

1) Die Verteilungsfunktion ist sprungstetig, d.h. an den Sprungstellen ist der jeweilige Wert - dargestellt durch einen Kreis- ausgelassen.

sondere dazu dient, das stochastische Auftreten von Ereignissen zu beschreiben, die unabhängig voneinander mit zeitproportionaler [1] Wahrscheinlichkeit auftreten.

1.3.2 Kontinuierliche Verteilung

Der diskreten Verteilung steht im Fall einer Zufallsvariablen mit reelem Wertebereich die kontinuierliche Verteilung gegenüber. Beispielsweise ist die Verteilung der Zufallsvariablen, die die Dauer bis zum nächsten Eintreffen eines Ereignisses (Ausfall) beschreibt, kontinuierlich.

1.3.2.1 Gleichverteilung

z ist gleichverteilt über dem Intervall $[a,b] \subset \mathbb{R}$, falls gilt:

$$F_z(x) = \int_a^x \frac{y}{b-a}\, dy \quad , \quad \text{wobei}$$

$$f_z(x) = \frac{1}{b-a} \quad \text{aus (1.2.4.1) folgt.}$$

Abb.II-6

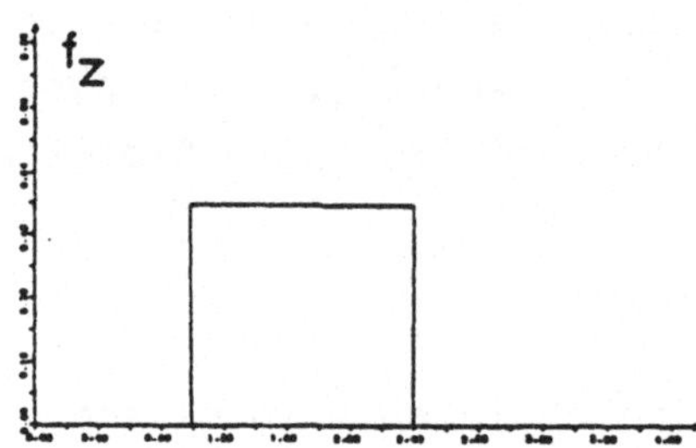

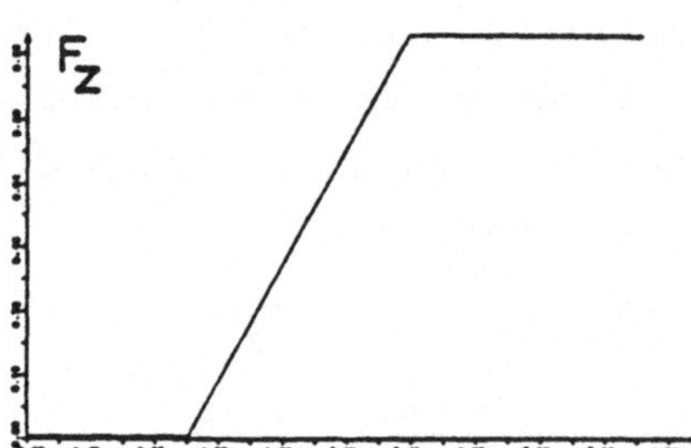

1.3.2.2 Normalverteilung

Aufgrund ihrer asymptotischen Eigenschaften (Zentraler Grenzwertsatz) ist es sehr häufig möglich, die Normalverteilung als Grenzverteilung für alle additiven Zufallserscheinungen einzusetzen.

$$F_z(x) = \frac{1}{\sigma\sqrt{2\pi}} \int_{\infty}^{x} e^{\frac{1}{2}\left[\frac{y-\mu}{\sigma}\right]^2} dy$$

---

1) Die Zeitproportionalität besagt, daß für kleine Zeitintervalle Δt die Wahrscheinlichkeit für das Eintreffen des Ereignisses $\{z=1\}$ den Wert $\alpha\Delta t$ erhält.

Abb.II-7

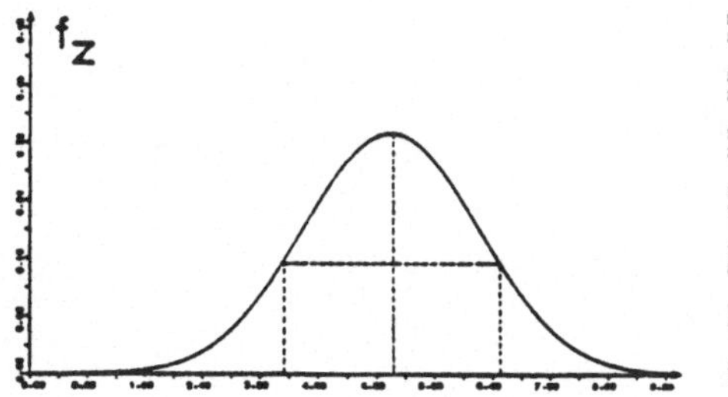

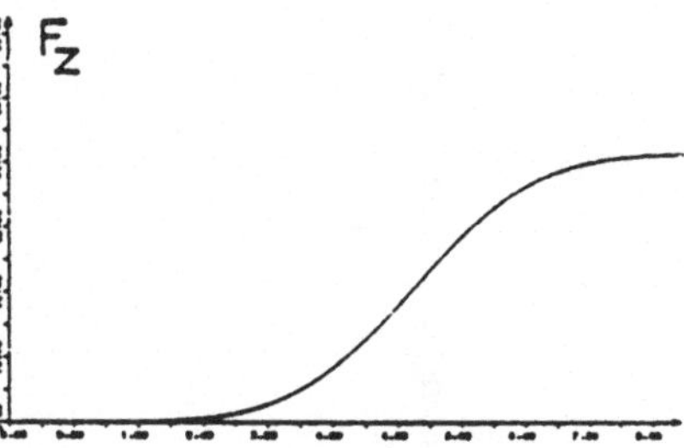

1.3.2.3 Logarithmische Normalverteilung

Insbesondere bei Zeitdauerverteilungen mit natürlichen Unter- oder Obergrenzen findet der spezielle Typ der logarithmischen Normalverteilung Anwendung:

$$z = \ln\left(\frac{M-z^*}{b}\right), \text{ mit } z^* \text{ normalverteilt und } M,b \in \mathbb{R}$$

Abb.II-8

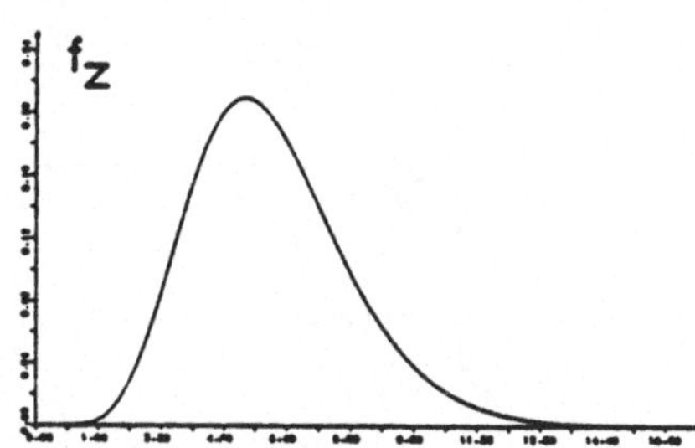

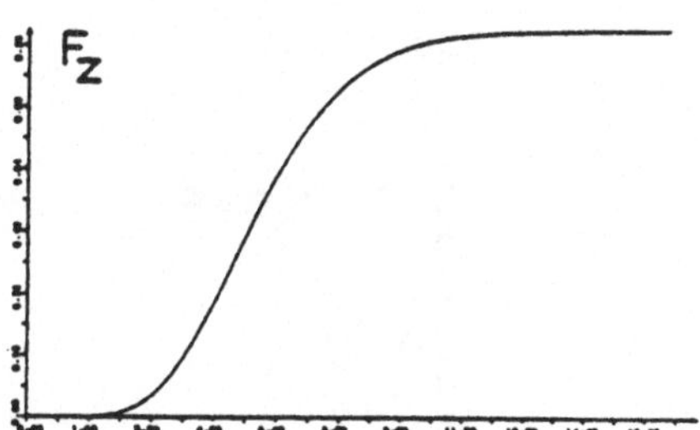

1.3.2.4 Exponentialverteilung

Die Exponentialverteilung

$$F_z(x) = 1 - e^{-\alpha x} \qquad (\alpha \text{ Parameter})$$

mit Erwartungswert $E(z)=1/\alpha$ und Varianz $V(z)=1/\alpha^2$ kann als Lebensdauerverteilung immer dann eingesetzt werden, wenn ein nicht "alternder" Prozeß mit konstanter Ausfallrate (siehe 2.1.13.1) betrachtet wird. Ein besonderer Zusammenhang besteht zwischen Exponentialverteilung und Poisson-Verteilung (1.3.1.1), da die Zeitintervalle zwischen zwei eintretenden

(Poisson-) Ereignissen - man spricht auch von Zwischeneintrittszeiten - exponentialverteilt sind [1].

Abb.II-9

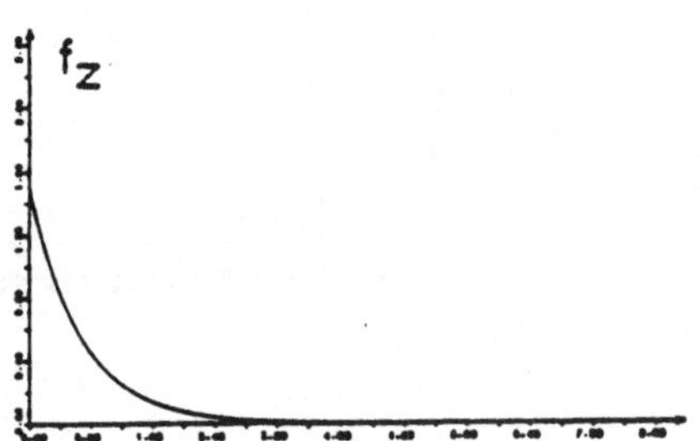

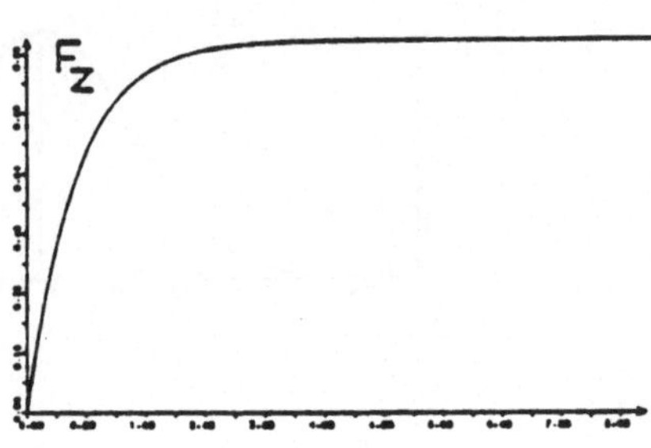

1.3.2.5 <u>Weibull-Verteilung</u>

In Kapitel I wurde schon erwähnt, daß diese spezielle Verteilung (verallgemeinerte Exponentialverteilung) die häufigste Anwendung in der Beschreibung von Werkstoffermüdungen gefunden hat.

$$F_z(x) = 1 - e^{-\alpha x^{\beta}} \text{ , mit Parameter } \alpha,\ \beta$$

Abb.II-10

α konstant

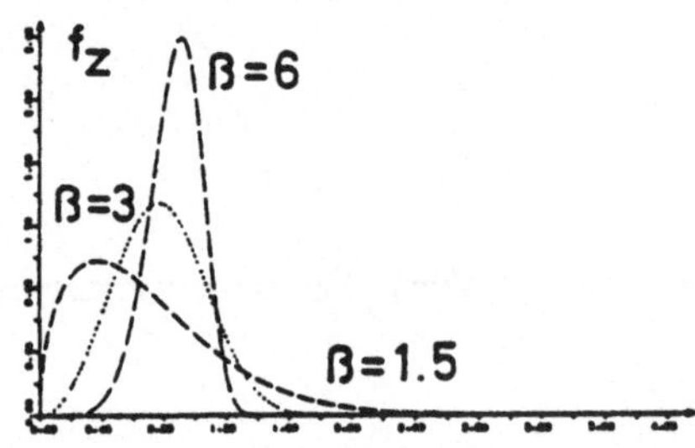

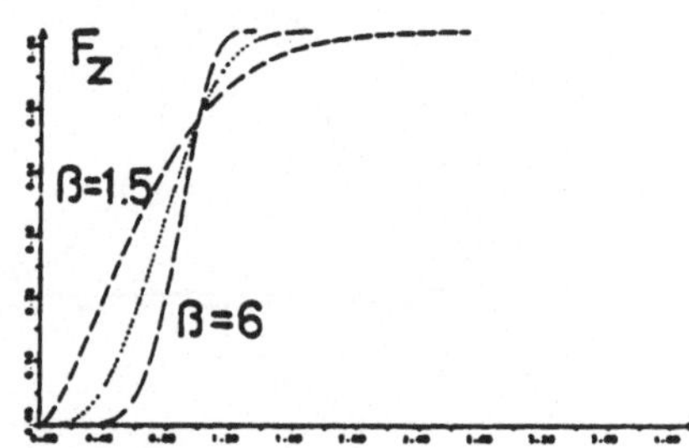

Im Fall $\beta=1$ entspricht die Weibull-Verteilung der Exponentialverteilung. Der Erwartungswert und die Varianz können durch die Gammafunktion ($\Gamma(1)=0$, $\Gamma(x+1)=x\Gamma(x)$) ausgedrückt werden:

$$E(z) = \frac{\Gamma(1/\beta+1)}{\alpha^{(1/\beta)}} \quad , \quad V(z) = \frac{\Gamma(2/\beta+1)-[\Gamma(1/\beta+1)]^2}{(\alpha^{1/\beta})^2}$$

(Ableitung und Begründung siehe GAEDE [2]).

---

1) WARTMANN, CHAMONI [1982].

2) GAEDE [1977, S.66] .

1.3.2.6 Erlang-Verteilung

Die auch aus der Warteschlangentheorie bekannte Erlang-Verteilung beschreibt das stochastische Verhalten einer Summe von k unabhängigen exponentialverteilten Zufallsvariablen

$$F_z(x) = 1 - e^{-\alpha x} \sum_{i=1}^{k-1} \frac{(\alpha x)^i}{i!}$$

mit Parameter und Stufenzahl k.
Im Spezialfall k=1 entspricht die Erlang-Verteilung der Exponentialverteilung.
Dieser Verteilungstyp dient insbesondere in der Warteschlangentheorie zur Approximation von beliebigen Verteilungen.

Erwartungswert und Varianz der Erlang-Verteilung sind durch die Stufenzahl k und den Parameter α bestimmt: $E(z)={}^{k}/_{\alpha}$, $V(z)={}^{k}/_{\alpha^2}$

Abb.II-11

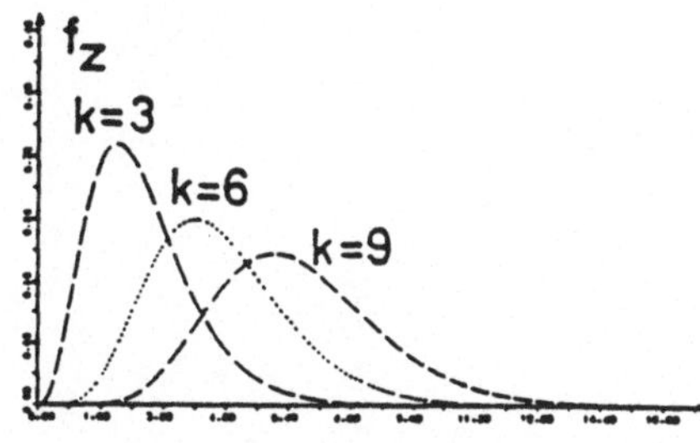

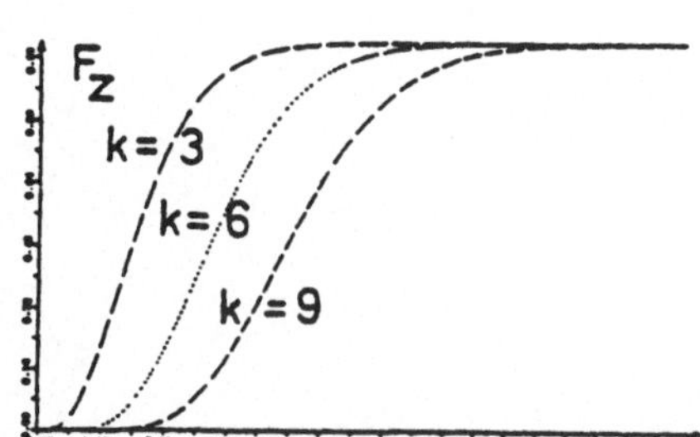

1.3.2.7 Gamma-Verteilung

Als Verallgemeinerung der Erlang - Verteilung kann man die Gamma-Verteilung mit den Parametern $\alpha,\beta>0$ auffassen. Hier sind die ganzzahligen Stufen k der Erlangverteilung in den kontinuierlichen Parameter β übergegangen:

$$F_z(x) = \frac{\alpha}{\Gamma(\beta)} \int_0^x (\alpha y)^{\beta-1} e^{-\alpha y} dy$$

($\Gamma(.)$ siehe 1.3.2.5)

Abb.II-12 α = konst.

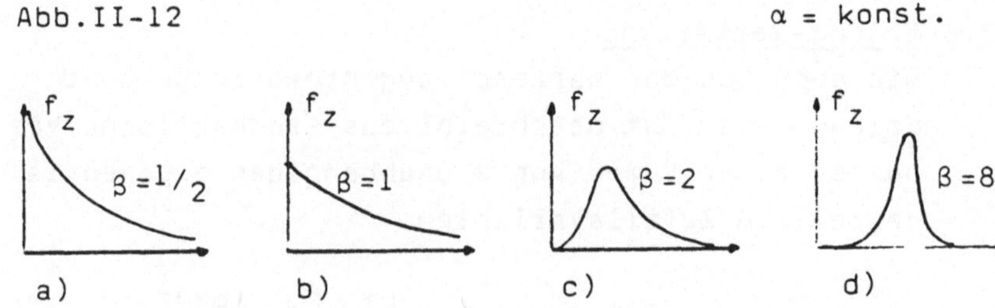

Erwartungswert und Varianz entsprechen den Momenten der Erlangverteilung: $E(z)=\beta/_{\alpha}$, $V(z)=\beta/_{\alpha^2}$

Es ließe sich noch eine Vielzahl anderer Verteilungstypen nennen, die zwar von theoretischem Interesse sind, aber in der praktischen Anwendung seltener vorkommen.
Die Eignung der speziellen Verteilungen (1.3.2.1 - 1.3.2.2) bezüglich der Beschreibung von stochastischen Ausfällen wird in 2.1.13 näher beschrieben.

1.4 Graphentheorie

Im folgenden Kapitel wird die mathematische Grundlage zur Anwendung der Graphentheorie insoweit dargestellt, als sie zum Verständnis des weiteren Vorgehens notwendig ist. In der Literatur ist die Namensgebung nicht einheitlich. Die Festlegung der Begriffe wird hier problemorientiert vorgenommen [1].

1.4.1 Definition

Seien V und E nichtleere disjunkte Mengen und φ eine Abbildung, die jedem e aus E zwei Elemente v_1 und v_2 aus V zuordnet, dann nennt man $G(V,E,\varphi)$ einen Graphen, die Elemente aus V Knoten (vertices) und die Elemente aus E Kanten (edges).

Im weiteren wird zur Vereinfachung nur noch die Notation G oder G(V,E) statt $G(V,E,\varphi)$ benutzt.

1.4.2 Definition

Gilt für $e \varepsilon E$ und $v_1, v_2 \varepsilon V$ die Beziehung $\varphi(e)=\{v_1,v_2\}$, dann heißt speziell die Kante e verbunden (inzident) mit v_1 und v_2 (siehe Abb.).

Anschaulich kann man jeden Knoten geometrisch mit einem Punkt oder kleinem Kreis und jede Kante mit einer Verbindungslinie zwischen den zugeordneten Knoten identifizieren. Diese geometrische Darstellung eines Graphen nennt man Diagramm. Für alle folgenden Definitionen und Feststellungen ist jeweils ein Diagramm angeführt, das der Veranschaulichung des Sachverhalts dienen soll.

Abb.II-13 e verbunden mit v_1 und v_2

e
v_1 ———— v_2

1.4.3 Definition

Sind V und E endlich, dann heißt G endlicher Graph.

---

[1] Zum eingehenden Studium der Graphentheorie sei verwiesen auf HARARY [1974], CHRISTOFIDES [1978], BUSACKER, SAATY [1968], NOLTEMEIER [1976].

1.4.4 <u>Definition</u>

$G_1(V_1,E_1)$ heißt <u>Teil eines Graphen</u> $G(V,E)$, falls gilt:

i) $V_1 \subset V$, $E_1 \subset E$

ii) $\varphi_1(e)=\varphi(e)$ für alle $e \varepsilon E_1$

iii) Wenn $e \varepsilon E_1$ und $\varphi(e)=\{v_1,v_2\}$ gelten, dann sind $v_1,v_2 \varepsilon V_1$.

Beispiel: $V_1=\{v_2,v_3,v_4,v_6,v_9\}$, $E_1=\{e_2,e_3,e_5,e_9\}$

Abb.II-14 Diagramm des Graphen G

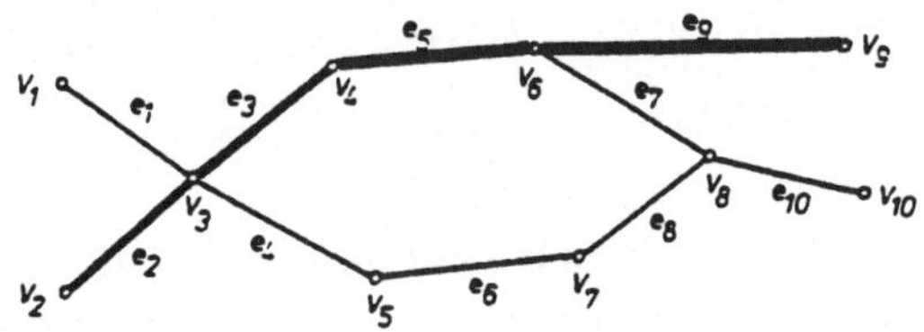

1.4.5 <u>Definition</u>

Eine endliche Folge $(e_1,..,e_n)$ von Kanten eines Graphen G heißt eine <u>Kantenfolge</u> der Länge n, falls $v_0,..,v_n \varepsilon V$ (nicht notwendig verschieden) existieren mit

$$\varphi(e_i)=\{v_{i-1},v_i\} \text{ , } i=1,..,n.$$

Die Kantenfolge heißt <u>geschlossen</u> für $v_0=v_n$ und <u>offen</u> für $v_0 \neq v_n$. Gilt $v_i \neq v_j$ für $i,j \varepsilon \{1,..,n-1\}$, dann heißt die Kantenfolge <u>einfach</u>.

Sind alle Kanten $e_1,..,e_n$ einer Kantenfolge voneinander verschieden, dann nennt man die Folge $(e_1,..,e_n)$ auch <u>Kette</u>.

Beispiel: (e_1,e_3,e_5,e_7,e_{10}) einfache offene Kette

Abb.II-15

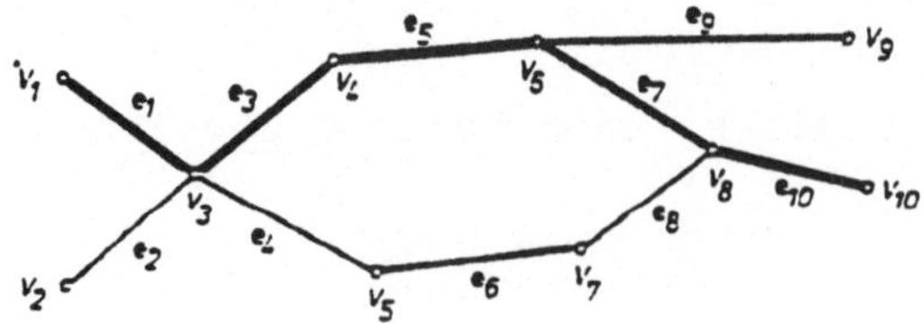

Beispiel: $(e_3, e_5, e_7, e_8, e_6, e_4)$ einfache geschlossene Kette

Abb.II-16

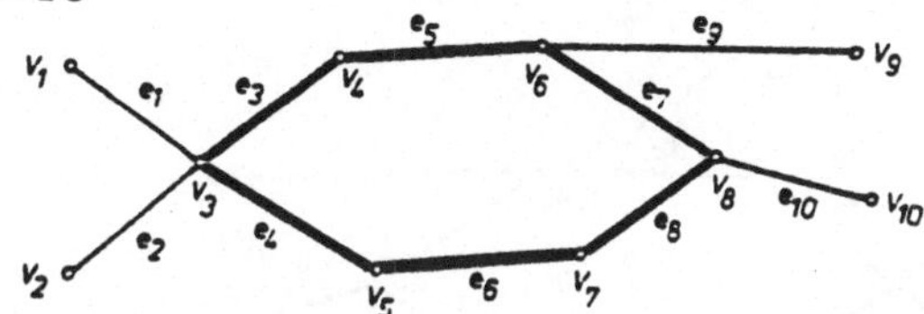

1.4.6 <u>Definition</u>

Falls in einem Graphen G für <u>beliebige</u> v_i und v_j eine Kantenfolge zu finden ist, die v_i und v_j verbindet, dann heißt G <u>zusammenhängend</u>.

Beispiel: nicht zusammenhängend, da keine Kanten zu finden sind, die v_6 und v_8 verbinden

Abb.II-17

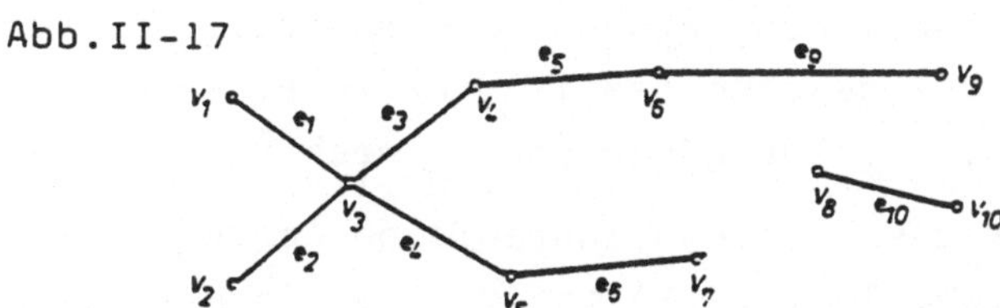

1.4.7 <u>Definition</u>

Ein zusammenhängender Graph ohne geschlossene Kantenfolge heißt <u>Baum</u>.

Abb.II-18

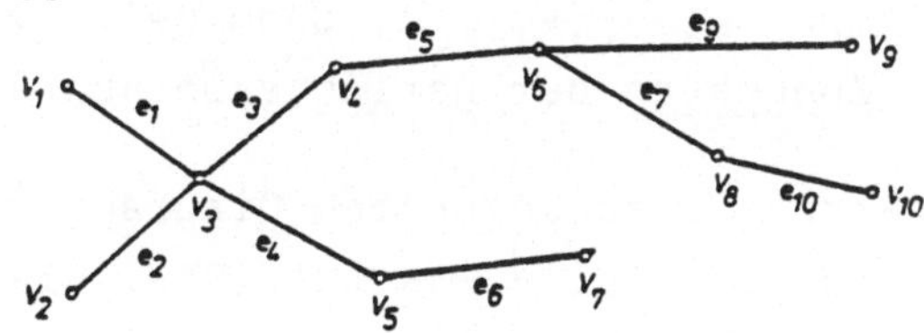

1.4.8 <u>Definition</u>

Ist G(V,E) zusammenhängend und V disjunkte Vereinigung von V_0 und $\overline{V}_0$, dann heißt die Menge der Kanten $C \subseteq E$, die V_0 und $\overline{V}_0$ verbindet, <u>Schnitt</u> (<u>c</u>ut).

Beispiel: $C=\{e_5,e_8\}$ ist Schnitt zu $V_0=\{v_1,v_2,v_3,v_4,v_5,v_7\}$ und $\overline{V}_0=\{v_6,v_8,v_9,v_{10}\}$

Abb.II-19

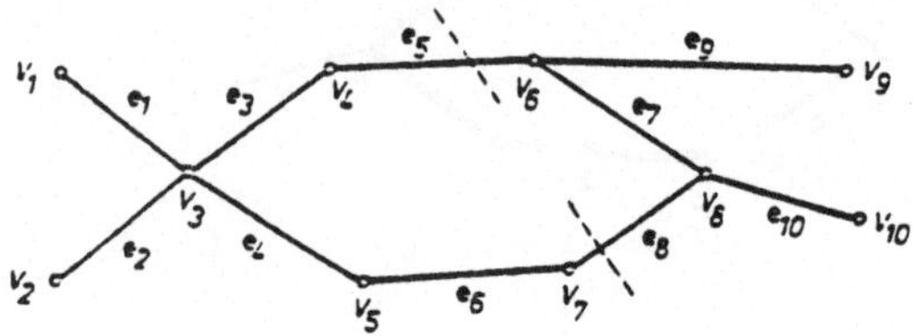

1.4.9 Satz

In einem zusammenhängenden Graphen hat jede geschlossene Kantenfolge mit jedem Schnitt eine gerade Anzahl Elemente gemeinsam.

Durch Veranschaulichung erkennt man sofort, daß jede Kantenfolge, die geschlossen ist, entweder keinen Übergang oder 2,4,6,.. Übergänge von V_0 nach $\overline{V}_0$ hat.

Beispiel: Die geschlossene Kantenfolge $(e_3,e_5,e_7,e_8,e_6,e_4)$ (siehe Abb.II-16) hat mit dem Schnitt $\{e_5,e_8\}$ 2 Elemente und mit dem Schnitt $\{e_9,e_{10}\}$ kein Element gemeinsam.

1.4.10 Definition

Ein Graph $G(V,E,\varphi)$ mit einer Abbildung φ, die jeder Kante e ein geordnetes Paar (v_1,v_2) von Knoten zuordnet, nennt man gerichteten Graphen.

Gilt die Beziehung $\varphi(e)=(v_1,v_2)$, dann heißt v_1 Anfangsknoten und v_2 Endknoten der gerichteten Kante e [1].

Anschaulich werden im zugeordneten Diagramm die Verbindungslinien durch Pfeile ersetzt (Pfeildiagramm).

---

[1] Alternativ kann man die gerichtete Inzidenzabbildung auch durch zwei Abbildungen $\alpha,\beta : E \longrightarrow V$ darstellen mit $\varphi(e)=(\alpha(e),\beta(e))$, wobei $\alpha(e)$ den Anfangsknoten und $\beta(e)$ den Endknoten der Kante e bezeichnen. Liegen keine parallelen Kanten $(\varphi(e_i)=\varphi(e_j))$ vor, dann kann jede Kante durch Anfangs- und Endknoten repräsentiert werden. Bei den hier betrachteten gerichteten Graphen kann nicht von Parallelenfreiheit ausgegangen werden, da parallele Kanten wesentliche Bestandteile eines Graphen sein werden.

Beispiel: Pfeildiagramm

Abb.II-20

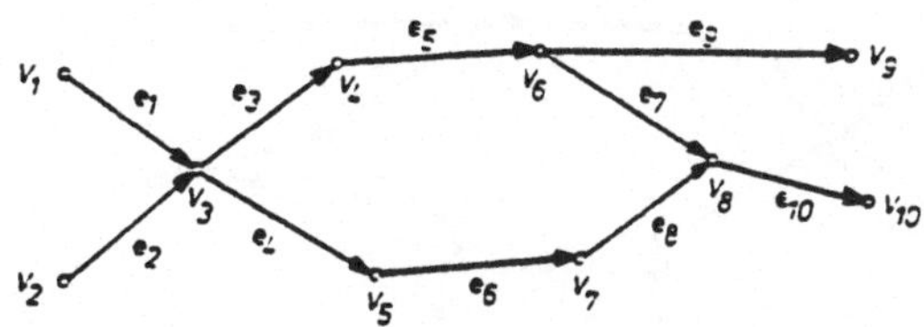

1.4.11 Definition

In einem gerichteten Graphen heiße e_i Vorgänger von e_j (bzw. e_j Nachfolger von e_i), falls ein Knoten v_l existiert mit der Eigenschaft:

$$\varphi(e_i) = (v_m, v_l) \quad \text{und} \quad \varphi(e_j) = (v_l, v_k) \; .$$ [1)]

Beispiel: e_2 Nachfolger von e_1

Abb.II-21

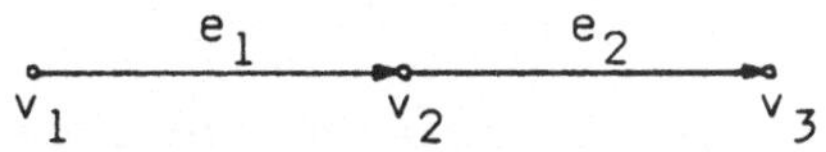

1.4.12 Definition

Sei G ein gerichteter Graph und e eine gerichtete Kante mit

$$\varphi(e) = (v_i, v_i),$$

dann heiße e Schlinge.

Abb.II-22

v_i e

1.4.13 Definition

In einem gerichteten Graphen heiße eine geschlossene Kette $(e_1,..,e_n)$ mit $\varphi(e_i)=(v_{i-1},v_i)$, $i=1,..,n$, Zyklus und eine offene Kette Pfad.

[1)] Entgegen der üblichen Notation wird hier der Begriff Vorgänger und Nachfolger auf die Kanten und nicht auf die Knoten bezogen.

Beispiel: Pfad (e_1, e_3, e_5)

Abb.II-23

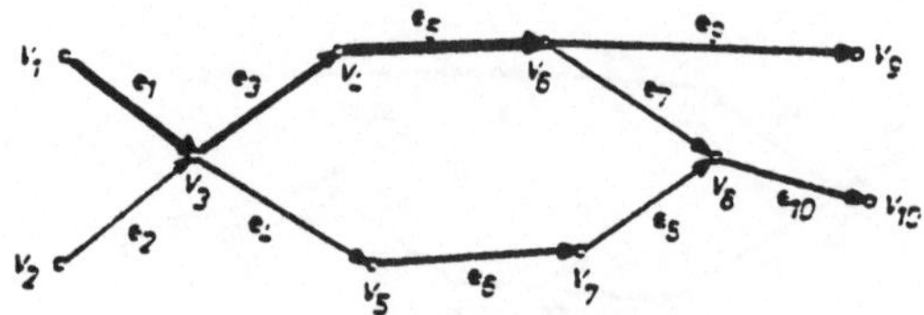

Beispiel: Zyklus $(e_3, e_5, e_7, e_8, e_6, e_4)$

Abb.II-24

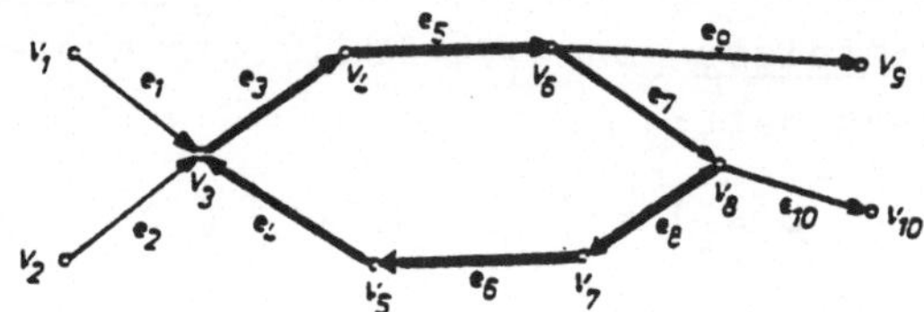

1.4.14 Definition

In einem gerichteten zusammenhängenden Graphen nennt man jeden Knoten v_q, zu dem keine Kante führt, Quellknoten oder Quelle und jeden Knoten v_s, von dem keine Kante fortführt, Senkknoten oder Senke.

Eine Kante, deren Anfangsknoten eine Quelle ist, heiße Quellkante. Eine Kante, deren Endknoten eine Senke ist, heiße Senkkante[1)]

Beispiel: Quelle Senke

Abb.II-25

Die folgende zentrale Definition ist stark eingeschränkt auf die angestrebte Anwendung.

[1)] Die Festlegung Quellkante und Senkkante ist im Hinblick auf die spätere Anwendung von Pfadalgorithmen getroffen worden.

1.4.15 Definition

Ein zusammenhängender gerichteter endlicher Graph, versehen mit einer Funktion, die jeder Kante eine positive reelle Zahl zuordnet, heiße Netz (Netzwerk).

Im weiteren sollen nur schlingenfreie Netze ohne Zyklen betrachtet werden. Ein geeignetes Mittel, die Struktur eines Graphen festzuhalten, ist durch die Matrizenschreibweise [1] gegeben.

1.4.16 Definition

Sei G ein endlicher gerichteter Graph mit n Knoten und m Kanten, dann verstehe man unter der Inzidenzmatrix

$$\underline{IM} = (m_{ij})_{\substack{1 \leq i \leq n \\ 1 \leq j \leq m}}$$

des Graphen G eine Matrix mit der Eigenschaft:

$$m_{ij} := \begin{cases} 1 & \text{, falls die Kante } e_j \text{ mit } v_i \text{ verbunden ist} \\ 0 & \text{, falls die Kante } e_j \text{ mit } v_i \text{ nicht verbunden ist} \end{cases}$$

für i=1,..,n und j=1,..,m.

Matrizen, deren Elemente nur die Werte 0 oder 1 annehmen können, nennt man Boolesch.

Beispiel:

Abb.II-26

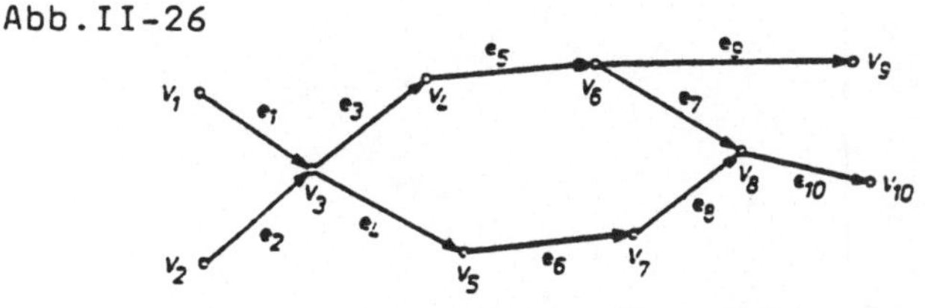

Inzidenzmatrix $\underline{IM}$

	e_1	e_2	e_3	e_4	e_5	e_6	e_7	e_8	e_9	e_{10}
v_1	1									
v_2		1								
v_3	1	1	1	1						
v_4			1		1					
v_5				1		1				
v_6					1		1		1	
v_7						1		1		
v_8							1	1		1
v_9									1	
v_{10}										1

[1] Zum Begriff Matrix siehe JAEGER/WENKE [1969,S.143,ff.].

Einige Eigenschaften eines Graphen lassen sich aus der Inzidenzmatrix ablesen. Da jede Kante einen Anfangs- und einen Endknoten besitzt, ist bei Schlingenfreiheit jede Spaltensumme 2 .
Um die Vorgänger-bzw. Nachfolgerbeziehung für jede Kante eines gerichteten endlichen Graphen darstellen zu können, bietet sich die folgende Definition an:

1.4.17 <u>Definition</u>

Sei G ein endlicher gerichteter Graph mit n Knoten und m Kanten, dann heiße die Matrix

$$\underline{AM} = (a_{ij})_{\substack{1 \leq i \leq n \\ 1 \leq j \leq m}}$$

mit der Eigenschaft:

$$a_{ij} := \begin{cases} 1 & \text{, falls } e_j \text{ Nachfolger von } e_i \\ 0 & \text{, falls } e_j \text{ nicht Nachfolger von } e_i \end{cases}$$

für i=1,..,n und j=1,..,m <u>Kantenmatrix</u> des Graphen G.

Beispiel: Kantenmatrix zu dem in Abb.II-20 dargestellten Pfeildiagramms

Abb.II-27

	e_1	e_2	e_3	e_4	e_5	e_6	e_7	e_8	e_9	e_{10}
e_1			1							
e_2				1						
e_3					1					
e_4						1				
e_5							1		1	
e_6								1		
e_7										1
e_8										1
e_9										
e_{10}										

Nur mit Nullen besetzte Zeilen werden dann ausgewiesen, wenn die korrespondierende Kante (Zeilenbeschriftung) keinen Nachfolger hat, d.h. (vgl. 1.4.14) Senkkante ist. Die entsprechende Aussage kann für ausschließlich mit Nullen besetzte Spalten gemacht werden. In diesem Fall läßt sich für die angesprochene Kante (Spaltenbeschriftung) kein Vorgänger finden, d.h. es liegt eine Quellkante vor.

Mithilfe von AM können für einen gegebenen Graphen alle Pfade konstruiert werden. Von besonderem Interesse sind die Pfade, die jeweils eine Quelle und eine Senke miteinander verbinden. In übersichtlicher Schreibweise kann man die jeweils zu untersuchenden Pfade in einer "Pfadmatrix" zusammenfassen:

1.4.18 Definition

Seien G ein endlicher gerichteter Graph mit n Knoten und m Kanten und $PF_1,..,PF_k$ alle Pfade, die die Kante e_q mit der Kante e_s verbinden, dann heiße die Matrix

$$\underline{PM} = (pf_{ij})_{\substack{1 \leq i \leq k \\ 1 \leq j \leq m}} \quad \text{mit der Eigenschaft:}$$

$$pf_{ij} := \begin{cases} 1 & \text{, falls Kante } e_j \text{ im Pfad } PF_i \text{ enthalten} \\ 0 & \text{, falls Kante } e_j \text{ im Pfad } PF_i \text{ nicht enthalten} \end{cases}$$

Pfadmatrix des Graphen G bezüglich e_q, e_s[1].

Beispiel: Pfadmatrix zu dem in Abb.II-20 dargestellten Pfeildiagramms bezüglich e_1, e_{10}

Abb.II-28

	e_1	e_2	e_3	e_4	e_5	e_6	e_7	e_8	e_9	e_{10}
PF_1	1		1		1		1			1
PF_2	1			1		1		1		1

Werden anstatt der Pfade zwischen zwei Kanten alle möglichen Schnitte zwischen den Kanten betrachtet, so ist es sinnvoll, die Schnitte in einer "Schnittmatrix" zusammenzufassen:

1.4.19 Definition

Seien G ein endlicher gerichteter Graph mit n Knoten und m Kanten und $C_1,..,C_k$ alle Schnitte zwischen e_q und e_s, dann heiße die Matrix

$$\underline{CM} = (c_{ij})_{\substack{1 \leq i \leq k \\ 1 \leq j \leq m}} \quad \text{mit der Eigenschaft:}$$

[1] Exakter müßten Anfangs- und Endknoten des Pfades in der Schreibweise berücksichtigt werden, etwa durch $PF_1^{qs},..\ PF_k^{qs}$ und auch $\underline{PM}^{qs}$.

$$c_{ij} := \begin{cases} 1 & \text{, falls die Kante } e_j \text{ im Schnitt } C_i \text{ enthalten ist} \\ 0 & \text{, falls die Kante } e_j \text{ nicht im Schnitt } C_i \text{ enthalten ist} \end{cases}$$

<u>Schnittmatrix</u> des Graphen G[1)].

Beispiel: Schnittmatrix für die Schnitte zwischen e_1 und e_{10} (siehe Abb.II-20)

Abb.II-29

	e_1	e_2	e_3	e_4	e_5	e_6	e_7	e_8	e_9	e_{10}
C_1	1									
C_2			1	1						
C_3			1			1				
C_4			1					1		
C_5				1	1					
C_6					1	1				
C_7					1			1		
C_8				1			1			
C_9						1	1			
C_{10}							1	1		
C_{11}										1

1) Für die Schreibweise der Schnitte gilt ebenfalls, daß die Bezugsgrößen q und s mitnotiert werden müßten: $C_1^{qs},..,C_k^{qs}$ und $\underline{CM}^{qs}$.

2. Mathematische Modelle der Zuverlässigkeitstheorie

2.1 Allgemeine Modelle

2.1.1 Grundlagen

Wie schon in II 1.1 dargestellt wurde, soll für den weiteren Verlauf der Arbeit der Systembegriff auf die folgenden Definitionen zurückgeführt werden:

(2.1.1) <u>System</u>	ganzheitlicher Zusammenhang von funktionsausübenden Teilen
(2.1.2) <u>Komponente</u>	funktionsausübende, als nicht weiter zerlegbar betrachtete Einheit , die zeitlich stochastischen Zustandsänderungen unterliegt
(2.1.3) <u>Zuverlässigkeit</u>	Maß für das Auftreten von Zustandsfolgen (relative Häufigkeit von nicht zulässigen Zuständen)

Die Diskussion um die Festlegung des Begriffes "Zuverlässigkeit" ist so alt wie die theoretische Behandlung des Themas an sich. Schon in GNEDENKO,BELJAJEW,SOLOWJEW[1)] wird auf die Problematik der Begriffseinschränkung hingewiesen. Im folgenden werden solche Funktionen betrachtet, die eine Komponente als intakt oder defekt ausweisen. Im einfachsten Fall stellt die Zuverlässigkeit die Wahrscheinlichkeit für das ausfallfreie Funktionieren (Intaktsein) während einer vorgegebenen Zeitspanne dar.

Andere zweckorientierte Definitionen erstrecken sich auf die Ermittlung der mittleren Lebensdauer oder Überlebenswahrscheinlichkeit. Die Zielsetzung in allen Fällen ist die Maximierung der wie auch immer definierten Zuverlässigkeit.

In der Regel ist der Ausfallbegriff nicht hinreichend weit gefaßt, um das Phänomen der Zuverlässigkeit genau genug zu umschreiben. Vielmehr muß eine Abgrenzung zur Qualität und Effektivität gefunden werden. In GNEDENKO,BELJAJEW,SOLOWJEW[2)] wird für nicht absolut zuverlässige Systeme die Zuverlässigkeit (des Systems) als Stabilität der Effektivität unter Berücksichtigung der Komponentenausfälle betrachtet, wobei Effektivität als summarischer Qualitätsparameter ein Maß für die Produktivität darstellt.

---

1) GNEDENKO,BELJAJEW,SOLOWJEW [1968 , S.64 ff.].

2) GNEDENKO,BELJAJEW,SOLOWJEW [1968 , S.66 ff.].

Beispielsweise kann unter der Stabilität der Effektivität verstanden werden, daß bei einer bestimmten Fertigungsanlage die Produktion eines Gutes sowohl innerhalb von vorgegebenen Zeitstandards liegt als auch gewisse vorgegebene Gütekriterien erfüllt.
Somit wird die Zuverlässigkeit implizit als über die Zeit erstreckte Qualität eines Systems definiert.
Andere Autoren [1)] lassen die Zuverlässigkeitsdefinition als Festlegung über Verfügbarkeiten zu.
Die größte Realitätsnähe läßt sich wohl erreichen, wenn Zuverlässigkeit als simultaner Maßstab über mehrere Kriterien (entsprechend der in II 1.1 erwähnten multikriteriellen Eigenschaften) aufgefaßt wird, die je nach Problemstellung vom zuständigen Entscheidungsträger adäquat festgelegt werden. Für die folgenden Darstellungen der mathematischen Modelle werden die eben angestellten Überlegungen zugunsten des "klassischen Ansatzes" zurückgestellt.

2.1.1.1 <u>Definition</u>

Sei $K:=\{K_1,..,K_n\}$ die Menge der Komponenten eines Systems $S = (K_1,..,K_n)$ (im Sinne von (2.1.1) und (2.1.2)), dann habe jede Komponente K_i, $i=1,..,n$ den Zustand <u>intakt</u> oder <u>defekt</u>.

Die sich gegenseitig ausschließenden Zustände intakt und defekt lassen sich durch Boolesche Größen beschreiben.

2.1.1.2 <u>Definition</u>

Falls die Zufallsvariable z_i $(i=1,..n)$ nur die Werte 0 oder 1 annehmen kann und $P(\{z_i=0\}) = p_i$ mit

$$z_i := \begin{cases} 0 \ , \text{ falls } K_i \text{ defekt} \\ 1 \ , \text{ falls } K_i \text{ intakt} \ , \end{cases}$$

dann heißt z_i <u>Zustandsvariable</u> der Komponente K_i.

---

1) SCHNEEWEISS [1973].

2.1.1.3 Definition

Der Zufallsvektor $\underline{z} = (z_1,..,z_n)$ mit z_i, $i=1,..,n$ Zustandsvariablen heißt Zustandsvektor der Komponenten $K_1,..,K_n$.

Aus den Zuständen der Komponenten eines Systems kann auf den Zustand des Systems geschlossen werden. Dieser Schluß ist nur durch Kenntnis der Systemstruktur (in (2.1.1) vage als ganzheitlicher Zusammenhang bezeichnet) möglich. Werden für das System nur die Zustände intakt und defekt zugelassen, so können diese implizit folgendermaßen charakterisiert werden.

2.1.1.4 Definition

Sei $S = (K_1,..,K_n)$ ein System mit den Komponenten $K_1,..,K_n$, dann ist

$$s(\underline{z}) := \begin{cases} 0 , & \text{für alle Realisationen}^{1)} \text{ von } \underline{z}\text{, bei denen S defekt} \\ 1 , & \text{für alle Realisationen von } \underline{z}\text{, bei denen S intakt} \end{cases} \quad (2.1.1.4)$$

die Systemfunktion von S.

Beispielsweise kann der Systemzustand eines Systems $S=(K_1,K_2)$, das genau dann defekt ist, wenn mindestens eine Komponente defekt ist, durch die Systemfunktion $s(z_1,z_2) = z_1 \cdot z_2$ berechnet werden.

2.1.1.5 Definition

Ein System S heißt trivial, wenn die zugehörige Systemfunktion konstant ist.

(Ein System ist beispielsweise dann trivial, wenn sein Zustand immer defekt ist.)

---

[1] Unter Realisation versteht man den Zahlenwert einer Zufallsvariablen, der sich nach einem Zufallsvorgang einstellt.

2.1.1.6 Definition

Ein System $S = (K_1,..,K_n)$ heiße redundant, falls ein $i \in \{1,..,n\}$ existiert mit

$$K_i \text{ defekt} \Longrightarrow S \text{ (trotzdem) intakt.}$$

2.1.1.7 Definition

Ein System $S = (K_1,..,K_n)$ heiße isoton, falls es im intakten Zustand verharrt, wenn eine defekte Komponente intakt gesetzt wird.

(Ein isotones System kann nicht durch das Intaktsetzen einer Komponente in einen "schlechteren" Zustand gesetzt werden.)

2.1.1.8 Definition

Nichttriviale isotone Systeme heißen kohärent.

2.1.2 Lebensdauerverteilungen

Die bisher getroffenen Definitionen haben einen rein statischen Charakter, d.h. der Zustand einer Komponente oder eines Systems wird ohne Zeitbezug festgestellt. Betrachten wir dynamische Modelle, deren Zustandsänderungen mit fortschreitender Zeit konstatiert werden, so wird aus der Zustandsvariablen z_i (2.1.5) ein stochastischer Prozeß $z_i(t)$ im Sinne von Definition 1.2.14, der die sich ändernden Zustände der Komponente K_i beschreibt.

2.1.2.1 Definition

Die zufällige Zeitspanne τ_i zwischen Inbetriebnahme und Ausfall der Komponente K_i nennt man ihre Lebensdauer. τ_i ist Zufallsvariable mit der Verteilungsfunktion

(2.1.2.1) $$F_{\tau_i}(t) = P(\{\tau_i \leq t\}) \quad .$$

Lebensdauerverteilung. Die Funktion $\bar{F}_{\tau_i}$ mit

(2.1.2.2) $$\begin{aligned} \bar{F}_{\tau_i}(t) &= 1 - F_{\tau_i}(t) \\ &= P(\{\tau_i > t\}) = P(\{z_i(r)=1\} \mid \{r \leq t\}) \end{aligned}$$

Überlebenswahrscheinlichkeit der Komponente K_i.

Die Systemlebensdauer, d.h. die Zeitspanne zwischen Inbetriebnahme und Ausfall des gesamten Systems, bezeichnet man mit τ_s.

$$F_{\tau_s}(t) = P(\{\tau_s \leq t\})$$

ist somit die Lebensdauerverteilung des Systems.

2.1.2.2 Definition

Der Erwartungswert $E(\tau_i)$ der Lebensdauer τ_i heiße die mittlere Lebensdauer (auch MTBF mean time between failure)

$$E(\tau_i) = \int_0^\infty (1-F_{\tau_i}(u))du = \int_0^\infty \bar{F}_{\tau_i}(u)du \; .$$

2.1.2.3 Definition

Unter der Funktion

$$a_i(t) := \frac{P(\{t<\tau_i \leq t+dt\} \mid \{\tau_i > t\})}{dt}$$

versteht man die Ausfallrate der Komponente K_i mit

der Lebensdauer τ_i. Die Ausfallrate gibt die Grenzwahrscheinlichkeit für den Ausfall der Komponente K_i unmittelbar nach dem Zeitpunkt t an, wenn bekannt ist, daß K_i bis t intakt war.

2.1.2.4 <u>Bemerkung</u>

Wegen (1.2.13) und der Eigenschaft

$\{t<\tau_i \leq t+dt\} \cap \{\tau_i > t\} = \{t<\tau_i \leq t+dt\}$ gilt für die Ausfallrate:

(2.1.2.4) $$a_i(t) = \frac{P(\{t<\tau_i \leq t+dt\})}{P(\{\tau_i>t\})\,dt} = \frac{f_{\tau_i}(t)}{\bar{F}_{\tau_i}(t)}$$

Die zeitabhängige Ausfallrate kann grundsätzlich folgende Funktionsverläufe aufweisen:

Abb.II-30 a) b) c)

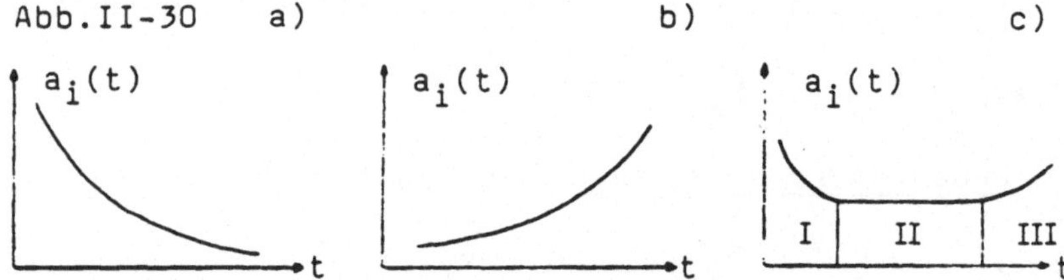

In dem durch Abb.II-30 a)dargestellten Fall einer fallenden Ausfallrate nimmt die Wahrscheinlichkeit des plötzlichen Ausfalls mit wachsender Laufzeit ab, was beispielsweise auf Frühschäden und "Kinderkrankheiten" hinweisen könnte. Im entgegengesetzten Fall b) steigt die Ausfallrate monoton an und zeigt den typischen Verlauf von Alterungsprozessen. Der Funktionsverlauf in Abb.II-30 c) ergab den Namen "Badewannenfunktion" für das Phänomen auftretender Frühschäden (I) mit einer anschließenden Phase von zeitinvarianten Störungen (II) und schließlich anwachsenden Alterungsschäden (III).

Entsprechend den vorangegangenen Definitionen können die in 1.3 aufgeführten Verteilungen hinsichtlich Lebensdauer und Ausfallrate wie folgt interpretiert werden.

2.1.2.5. Exponentialverteilung

Die Exponentialverteilung hat als Lebensdauerverteilung besondere Bedeutung gewonnen, da durch sie "nichtalternde" Prozesse beschrieben werden können:

$$F_{\tau_i}(t) = 1 - e^{-\alpha_i t} \quad \text{mit Parameter } \alpha_i > 0,$$

mittlerer Lebensdauer $E(\tau_i)={}^1/_{\alpha_i}$ und Varianz $V(\tau_i)={}^1/_{\alpha_i^2}$

Für die Ausfallrate ergibt sich nach (2.1.12.1)

$$a_i(t) = \frac{f_{\tau_i}(t)}{\bar{F}_{\tau_i}(t)} = \frac{\alpha_i e^{-\alpha_i t}}{e^{-\alpha_i t}} = \alpha_i \ ,$$

d.h. die Ausfallrate ist konstant und unabhängig von der Zeit. Diese Verteilung hat in der Technik (insbesondere in der Elektronik) eine hohe Akzeptanz erreicht, da durch ihre einfache Gestalt effektive Berechnungsalgorithmen entwickelt werden konnten. Bei vielen elektronischen Bauteilen ist die restriktive Voraussetzung $a_i(t)=\alpha_i$ auch nachweisbar.

2.1.2.6 Weibull-Verteilung

Wie schon erwähnt, können Alterungsprozesse mit der Weibull-Verteilung beschrieben werden, da durch den Parameter β eine monoton wachsende oder bis 0 fallende Ausfallrate darstellbar ist.

$$F_{\tau i}(t) = 1 - e^{-\alpha_i t^{\beta}}$$

mit Erwartungswert und Varianz wie in 1.3.2.5 .
Für die Ausfallrate ergibt sich wiederum nach (2.1. 2.4)

$$a_i(t) = \alpha_i \beta t^{\beta-1}$$, wodurch die Lebensdauerverteilung bei jedem Ersetzen von ß wie folgt speziell festgelegt ist:

i) $0<\beta<1$, dann folgt $\lim_{t\to\infty} a_i(t)=\alpha_i\cdot\beta\cdot\lim_{t\to\infty} t^{\beta-1} = 0$

ii) $\beta=1$, dann folgt $a_i(t) = \alpha_i$ (siehe 2.1.13.1)

iii) $1<\beta$, dann folgt $\lim_{t\to\infty} a_i(t)=\alpha_i\cdot\beta\cdot\lim_{t\to\infty} t^{\beta-1} = \infty$

Die Exponentialverteilung ist somit ($\beta=1$) ein Spezialfall der Weibull-Verteilung. Die unterschiedlichen Fälle i)-iii) entsprechen den Phasen I-III in Abb. c), d.h. die Weibull-Verteilung ermöglicht durch die Variation des Parameters β die Approximation von äußerst unterschiedlichen Ausfallerscheinungen.

2.1.2.7 Erlang -Verteilung

Sind die Lebensdauerverteilungen der Komponenten $K_1,..,K_k$ alle vom gleichen exponentiellen Typ mit Parameter α, dann gilt für die Summe $s_k=\tau_1+..+\tau_k$ die Erlangverteilung, d.h. für die Zeitdauer bis zum Ausfall der k-ten (ersetzten) Komponente:

$$F_{s_k}(t) = 1 - e^{-\alpha t} \sum_{i=1}^{k-1} \frac{(\alpha t)^i}{i!} \quad \text{für } k>1 \text{ mit}$$

mittlerer Lebensdauer $E(s_k)={}^k/_\alpha$ und Varianz $V(s_k)={}^k/_{\alpha^2}$.

Die Ausfallrate a(t) hat die Eigenschaft:

$$\lim_{t\to\infty} a(t) = \infty$$

Eine Anwendung ergibt sich bei der Betrachtung von Systemen mit "kalter Reserve", in denen defekte Komponenten durch gleichwertige Reservekomponenten ersetzt werden können.

2.1.2.8 Gamma-Verteilung

Wie schon in 1.3.2.7 beschrieben wurde, ist die Gamma-Verteilung eine Verallgemeinerung der Erlangverteilung ($k\to\beta$).

$$F_{\tau_i}(t) = \frac{\alpha}{\Gamma(\beta)} \int_0^t (\alpha y)^{\beta-1} e^{-\alpha y}\, dy$$

Aus Abb. c) kann man entnehmen, daß die Gamma-

Verteilung dazu geeignet ist, asymmetrische Lebensdauerverteilungen (z.B. starke Kinderkrankheiten) gut anzunähern. Für die Ausfallrate gilt:

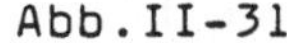
Abb.II-31

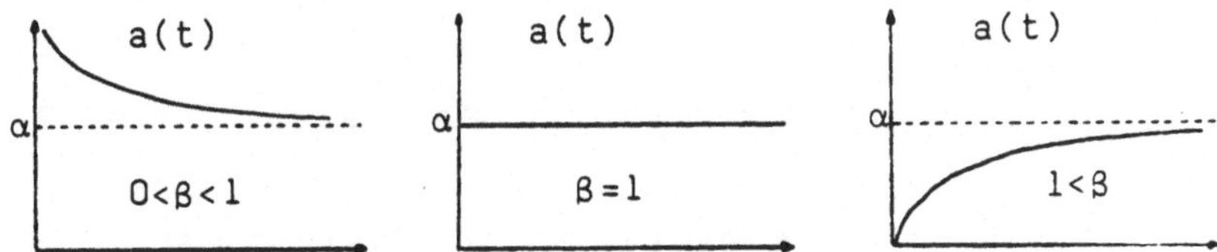

2.1.2.9 Normalverteilung

Als Lebensdauerverteilung läßt sich die Normalverteilung nur einsetzen, wenn der Variationskoeffizient $\sqrt{V(\tau_i)/E(\tau_i)}$ klein ist[1], d.h die Schwankung der Lebensdauer klein gegenüber der erwarteten Zeit ist. Die Ausfallrate wächst monoton in t. Zur näheren Charakterisierung siehe 1.3.2.2 .

2.1.2.10 Log-Normalverteilung

Die zur Beschreibung von Zeitabläufen eher geeignete Log-Normalverteilung (1.3.2.3) findet auch in der Zuverlässigkeitstheorie vielfach Anwendung. Da die Ausfallrate in t monoton (bis 0) abnimmt, können keine Alterungsprozesse, sondern eher kurze Lebensdauern (im Vergleich zur betrachteten Periode) erfaßt werden.

Die unter 2.1.2.5-2.1.2.10 abgehandelten Verteilungen entsprechen den üblichen Ansätzen in der klassischen Theorie der Zuverlässigkeit. In vielen Fällen wird es möglich sein, gemessene Ausfalldaten mit einer der behandelten Verteilungen in Einklang zu bringen, naturgemäß werden aber sehr häufig statistisch dokumentierte Ausfallereignisse nicht in die vorgegebenen Verteilungsprämissen zu pressen sein. Daher wird es zwangsläufig notwendig sein, aus vorhandenen Stichproben abgeleitete Verteilungen, die nicht hinreichend genau approximiert werden können, als diskrete empirische Verteilung in die Modellbildung einzubeziehen.

---

1) Die Begründung hierfür liegt in der Tatsache, daß bei großem Variationskoeffizienten mit positiver Wahrscheinlichkeit unzulässige negative Werte für Zeiten auftreten würden.

2.1.2.11 <u>Definition</u>

Sei $S = (K_1,..,K_n)$ ein kohärentes System mit zeitabhängiger Systemfunktion $s(\underline{z}(t))$, dann heißt

$$\overline{F}_{\tau_S}(t) = P(\{\tau_S > t\}) = P(\{s(\underline{z}(u))=1\} | \{u \leq t\})$$

die <u>Überlebensverteilung</u> des Systems (siehe 2.1.9).

Die mittlere Lebensdauer des Systems ist:

$$E(\tau_S) = \int_0^\infty (1 - F_{\tau_S}(u))du \ .$$

2.1.2.12 <u>Beispiel</u>

Für den Fall, daß das System $S=(K_1,K_2)$ aus zwei in Serie geschalteten unabhängigen Komponenten K_1 und K_2 besteht, kann die Lebensdauerverteilung von S folgendermaßen bestimmt werden:

$$\begin{aligned}
\overline{F}_{\tau_S}(t) &= P(\{s(\underline{z}(u))=1\} | \{u \leq t\}) \\
&= P(\{z_1(u)\ z_2(u)=1\} | \{u \leq t\}) \quad ,K_1 \text{ und } K_2 \text{ intakt} \\
&= P(\{z_1(u)=1\}\ \{z_2(u)=1\} | \{u \leq t\}) \\
&= P(\{z_1(u)=1\} | \{u \leq t\})\ P(\{z_2(u)=1\} | \{u \leq t\}) \text{ unabhg.} \\
&= \overline{F}_{\tau_1}(t)\ \overline{F}_{\tau_2}(t) \ .
\end{aligned}$$

2.1.3 Seriensystem und Parallelsystem

Die Beschreibung von Systemzuständen wird durch die Systemfunktion gewährleistet. Aufgrund der impliziten Form[1] ist ihre Konstruktion für gegebene Systemstrukturen nicht klar ersichtlich. Für einige immer wiederkehrende Grundtypen (siehe Klassifizierung 2.1.3.1) kann die Systemfunktion formelmäßig abgeleitet werden.

2.1.3.1 Klassifizierung

Auftretenden Ausfällen von Komponenten kann begegnet werden mit a) kalter Reserve, b) heißer Reserve und c) Reparatur. Bei Systemen mit kalter Reserve wird die ausgefallene Komponente durch eine gleichartige neuwertige Komponente ohne Zeitverzug (Reparaturzeit = 0) ersetzt. Im Fall der heißen Reserve wird beim Ausfall die Funktion durch Parallelbetrieb aufrechterhalten. Reparierbar sind solche Systeme, deren defekte Komponenten einen geeigneten zeitabhängigen Eingriff (Komponententausch, Instandsetzung) zulassen, durch den sie wieder intakt gesetzt werden können.

Zur Darstellung von Systemen und Systemstrukturen wird ein Zuverlässigkeitsschaltbild benutzt, dessen Elemente durch Rechtecke symbolisierte Komponenten und deren Verbindungslinien sind. Entsprechend elektrischen Schaltkreisen sieht man eine Komponente genau dann als intakt an, wenn sie durchlässig [2] ist. Jedes Zuverlässigkeitsschaltbild hat einen Anfangspunkt und einen Endpunkt.
Ein System wird dann als intakt angesehen, wenn ein ungehinderter Fluß (logische Durchgängigkeit) vom Anfangspunkt zum Endpunkt möglich ist.

---

[1] siehe 2.1.1.4

[2] Die Durchlässigkeit ist im Sinne eines Kontaktes zu verstehen, der im geschlossenen Zustand stromleitend ist. Vergleiche hierzu auch logische Schaltbilder aus der Booleschen Algebra.

Beispiel: Zuverlässigkeitschaltbild, symbolische Darstellung eines Systems mit einer Komponente K_1

Abb.II-32

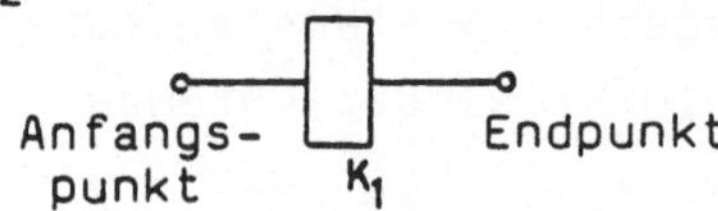

Bei dieser Darstellungsweise wird die Richtung des "logischen Flusses" immer als vom Anfangspunkt ausgehend betrachtet. In der folgenden Definition werden die wichtigsten Grundtypen charakterisiert.

2.1.3.2 Definition

$S = (K_1,..,K_n)$ ist ein störanfälliges Seriensystem, falls gilt:

(2.1.3.2) $$s(\underline{z}(t)) = \prod_{i=1}^{n} z_i(t) .$$

(D.h. $s(\underline{z}(t))=0$, falls zum Zeitpunkt t mindestens eine Komponente existiert mit $z_i(t)=0$.)

2.1.3.3 Bemerkung

Für ein Seriensystem ist die Lebensdauerverteilung gegeben durch:

$$F_{\tau_s}(t) = \prod_{i=1}^{n} F_{\tau_i}(t).$$

Beispiel: Seriensystem

Falls $S=(K_1,K_2,K_3)$ ein Seriensystem mit Lebensdauerverteilung $F_\tau(t) = F_{\tau_1}(t)=..=F_{\tau_3}(t)= 1 - e^{-\alpha t}$

ist, dann ergibt sich für die Lebensdauerverteilung des Systems

$$F_{\tau_s}(t) = (1-e^{-\alpha t})^3.$$

Abb.II-33

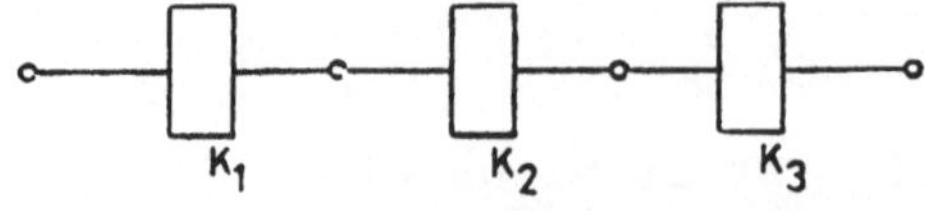

2.1.3.4 Definition

$S = (K_1,..,K_n)$ ist ein störanfälliges Parallelsystem, falls gilt:

(2.1.3.4) $$s(\underline{z}(t)) = 1 - \prod_{i=1}^{n} (1 - z_i(t)) .$$

(D.h. $s(\underline{z}(t))=0$, falls für alle Komponenten $K_1,..,K_n$ zum Zeitpunkt t gilt: $z_i(t)=0$.)

2.1.3.5 Bemerkung

Für ein Parallelsystem ist die Lebensdauerverteilung gegeben durch:

$$\bar{F}_{\tau_s}(t) = \prod_{i=1}^{n} \bar{F}_{\tau_i}(t) .$$

Beispiel: Parallelsystem

Falls $S=(K_1,K_2,K_3)$ ein Parallelsystem mit Lebensdauerverteilung $F_\tau(t) = F_{\tau_1}(t)=..=F_{\tau_3}(t)= 1 - e^{-\alpha t}$ ist, dann ergibt sich für die Lebensdauerverteilung des Systems

$$F_{\tau_s}(t) = 1 - e^{-3\alpha t} .$$

Abb.II-34

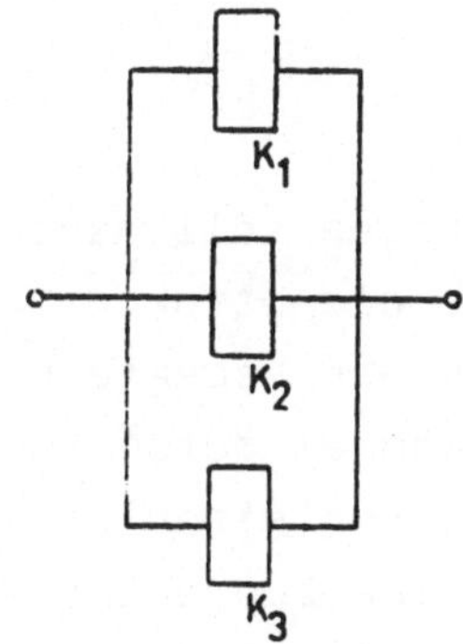

2.1.3.6 Definition

$S = (K_1,..,K_n)$ ist ein störanfälliges k-von-n-System (kalte Reserve), wenn k Komponenten ein Seriensystem bilden und n-k Komponenten als Reserve verfügbar sind.

Im Störungsfall kann eine Reservekomponente ohne Zeitverzug jede der k Komponenten in der Serienschaltung ersetzen.

Beispiel: k-von-n-System
Ist $S=(K_1,K_2,K_3)$ ein 1-von-3-System mit α-exponentialverteilten Komponentenausfällen, dann ist die Verteilung der Systemlebensdauer eine 3-stufige Erlang-Verteilung mit Parameter α:

$$F_{\tau_s}(t) = 1 - e^{-\alpha t}\left(1 + \frac{\alpha t}{1} + \frac{(\alpha t)^2}{2} \right) .$$

Abb.II-35

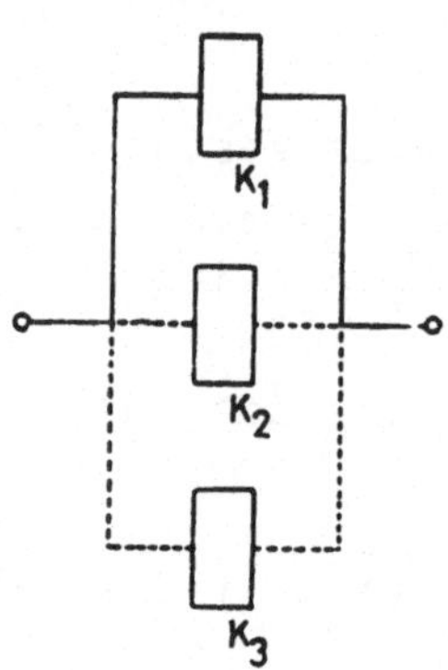

2.1.4 Netze

In den folgenden Ausführungen soll davon ausgegangen werden, daß störanfällige Systeme die Struktur von Netzen (vgl. 1.4.13) tragen, d.h. die wesentlichen Aspekte eines störanfälligen Systems $S = (K_1,..,K_n)$ können durch einen zusammenhängenden Graphen G(V,E), der keine Schleifen und Zyklen enthält, dargestellt werden. Durch eine Zuordnung der zufällig ausfallenden Komponenten zu den gerichteten Kanten ergibt sich eine "Bewertung" (Intaktwahrscheinlichkeit) der Kanten. im einfachsten Fall wird jede Komponente eineindeutig mit einer Kante identifiziert. Spezielle Situationen erfordern aber auch Mehrfachzuordnungen, d.h. eine Komponente wird mehreren Kanten zugeordnet[1].

---

[1] Die betrachtete Abbildung $K \rightarrow E$ ist nicht notwendig bijektiv.

Abb.II-36 Darstellung eines störanfälligen Systems als Pfeildiagramm

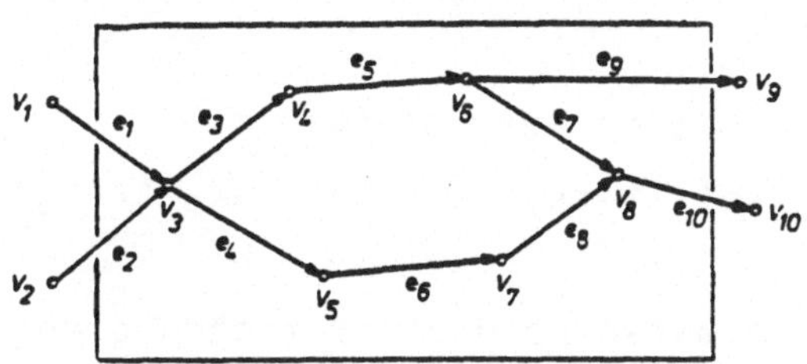

Die Betrachtung von störanfälligen Systemen in Form von gerichteten Graphen impliziert nachstehende Eigenschaften, die denen der Zuverlässigkeitsschaltbilder entsprechen.

- Gerichtete Kanten geben die Richtung des logischen Flusses im System an [1].
- Gerichtete Kanten sind mit Lebensdauerverteilung und Reparaturzeitverteilung bewertet.
- Gerichtete Kanten haben den Zustand intakt oder defekt (Zustandsvariable).
- Mehrere identische gerichtete Kanten können auftreten.
- Mehrere parallele gerichtete Kanten können auftreten.
- Der Systemzustand (intakt oder defekt) wird durch die Durchgängigkeit (Erreichbarkeit) von Quelle zu Senke beschrieben[2].

Legt man die zuletzt gemachten Aussagen zugrunde, so kann ein Netz als Abbildung eines störanfälligen Systems im Sinne der Zuverlässigkeitsschaltbilder interpretiert werden.

Abb.II-37 Darstellung eines Netzwerkes als Zuverlässigkeitsschaltbild

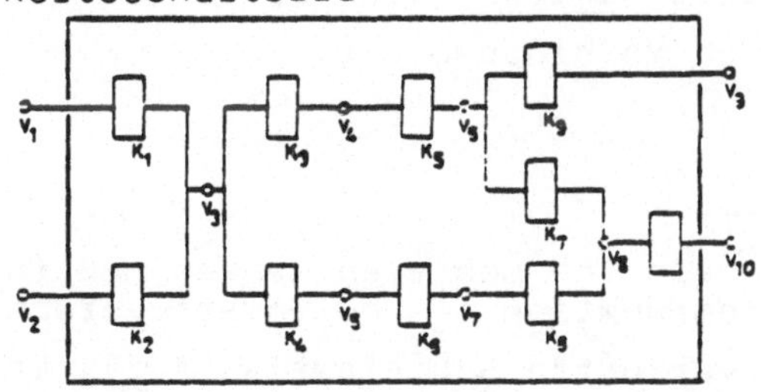

[1] Die Richtung kann auch als zeitliche Funktionsabfolge interpretiert werden, die jeweils von links nach rechts zeigt.

[2] Bei mehreren Quellen muß die Senke von mindestens einer Quelle erreichbar sein.

Der Systemzustand läßt sich durch die Systemfunktion

$$\underline{s}(\underline{z}) = (s_9(\underline{z}), s_{10}(\underline{z}))$$ [1)]

berechnen, die folgende Gestalt hat:

$$\underline{s}'(\underline{z}) = \begin{bmatrix} (1-(1-z_1)(1-z_2))z_3z_5z_9 \\ (1-(1-z_1)(1-z_2))(1-(1-z_3z_5z_7)(1-z_4z_6z_8))z_{10} \end{bmatrix}$$

Die Prüfung des Systemzustandes durch Berechnung der Systemfunktion ist für größere Systeme problematisch. Man wird Verfahren einsetzen müssen, die den Grad der Komplexität verringern und somit die Systemfunktion vereinfachen. Durch die Übertragung von kohärenten störanfälligen Systemen in Netzstrukturen ist es naheliegend, die in 1.4 aufgeführten Eigenschaften von gerichteten Graphen zu nutzen. Insbesondere die Charikteristiken der Pfade und Schnitte werden für die Bestimmung der Systemzustände nützlich sein.

Für die folgenden Ausführungen soll unter einem <u>Schnitt</u> des Systems S eine Teilmenge $C^* \subset K=\{K_1,..,K_n\}$ verstanden werden, für die gilt:

S defekt, falls alle Komponenten in C^* defekt und alle Komponenten in $K \setminus C^*$ intakt .

Hat C^* keine echte Teilmenge, die Schnitt ist, dann heißt C^* <u>minimaler</u> Schnitt [2)].

In einem System $S=(K_1,..,K_n)$ nennt man $PF^* \subset K=\{K_1,..,K_n\}$ eine <u>Verbindung</u>, falls

S intakt ist, wenn alle Komponenten aus PF^* intakt und alle Komponenten aus $K \setminus PF^*$ defekt sind.

Die Verbindung PF^* heißt <u>minimal</u>, wenn sie keine echte Teilmenge enthält, die auch Verbindung ist.

[1)] Durch das Vorhandensein von mehreren Senken muß für jede Senke eine Teilsystemfunktion s_{v_s} definiert werden. Im folgenden wird die verkürzte Schreibweise $s(\underline{z})$ für $s(\underline{z}(t))$ benutzt.

[2)] Im Gegensatz zu Definition 1.4.8 wird ein Schnitt C^* auf der Menge der Komponenten definiert. Eine begriffliche Trennung der hier (siehe GAEDE [1973,S.31],"Trennung") und in 1.4.8 betrachteten Schnitte C wäre sinnvoll, wird aber zur Vereinfachung der Notation nicht vorgenommen.

Für jeden minimalen Schnitt C^* (minimale Verbindung PF^*) eines Systems S gibt es im zugeordneten Netz einen korrespondierenden Schnitt C (Pfad PF) bezüglich der betrachteten Quellen und Senken, so daß es für die algorithmische Behandlung reicht, nur Schnitte und Pfade zwischen Quellen und Senken im graphentheoretischen Sinn zu betrachten. Diese Vereinbarung ist für alle nachfolgenden Ausführungen gültig.

2.1.5 Reduktionsverfahren

Unter Reduktionsverfahren sollen solche algorithmischen Vorschriften verstanden werden, die zu einer vereinfachten Bestimmung der Systemfunktion führen. Allgemeine Ansätze zur Überdeckung, Dekomposition und Faktorisierung werden von KOLHAS [1] behandelt. Die abgeleiteten Verfahren beruhen auf der Ermittlung aller minimalen zusammenhängenden Teile eines Graphen und dessen Zerlegung.

Zwei Verfahren, die durch die Bestimmung der minimalen Schnitte und minimalen Pfade gekennzeichnet sind, sollen kurz erläutert werden.

2.1.5.1 Parallelreduktion

Sei $S=(K_1,..,K_n)$ ein System mit minimalen Pfaden $PF_1,..,PF_k$. Betrachtet man jeden minimalen Pfad PF_i als Seriensystem S_{PF_i}, dann hat das durch die $S_{PF_1},..,S_{PF_k}$ erzeugte Parallelsystem [2] die gleiche Systemfunktion wie S:

$$s(\underline{z}) = 1 - \prod_{i=1}^{k} (1-s_{PF_i}(\underline{z})) \quad . \tag{2.1.5.1}$$

---

[1] KOLHAS [1983] .

[2] vgl. GAEDE [1973,S28], Reduzierte Parallelform

Beispiel: Parallelreduktion

Abb.II-38

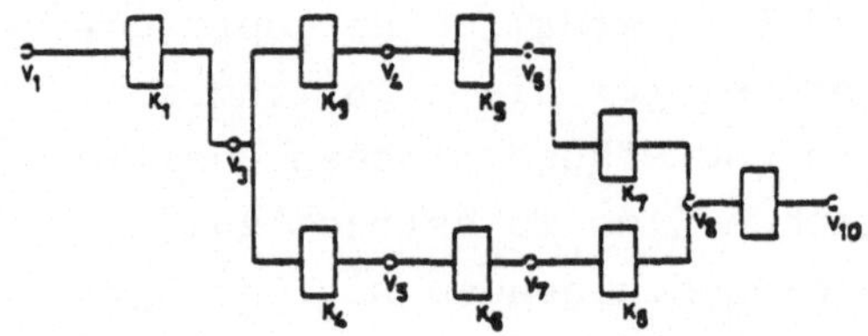

Die minimalen Pfade des dargestellten Netzes sind:

$$PF_1 = (K_1, K_3, K_5, K_7, K_{10})$$

$$PF_2 = (K_1, K_4, K_6, K_8, K_{10})$$

Das reduzierte Parallelsystem hat damit die Form:

Abb.II-39

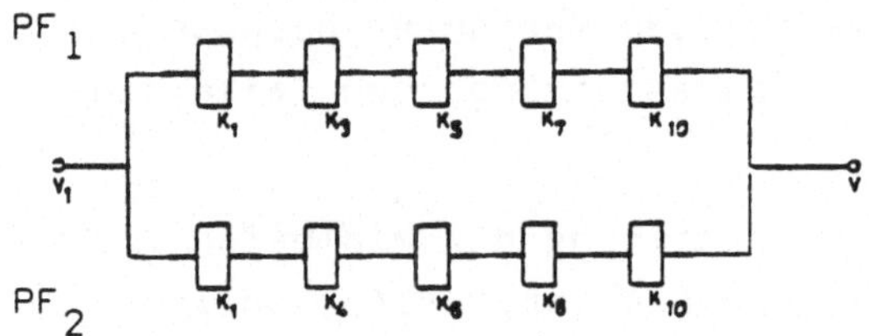

mit $s_{PF_1}(\underline{z}) = z_1 z_3 z_5 z_7 z_{10}$

$s_{PF_2}(\underline{z}) = z_1 z_4 z_6 z_8 z_{10}$.

Die Systemfunktion s kann nach (2.1.5.1) berechnet werden:

$$s(\underline{z}) = 1-(1-z_1 z_3 z_5 z_7 z_{10})(1-z_1 z_4 z_6 z_8 z_{10})$$

Das System S ist genau dann intakt, wenn alle Komponenten im Pfad PF_1 oder aller Komponenten im Pfad PF_2 intakt sind.

2.1.5.2 Serienreduktion

Sei $S=(K_1,..,K_n)$ ein System mit minimalen Schnitten $C_1,..,C_k$. Betrachtet man jeden Schnitt C_i als Parallelsystem S_{C_i}, dann hat das durch die $S_{C_1},..,S_{C_k}$ erzeugte Seriensystem [1] die gleiche Systemfunktion wie S:

(2.1.5.2) $$s(\underline{z}) = \prod_{i=1}^{k} s_{C_i}(\underline{z}).$$

Beispiel: Serienreduktion

Für das in 2.1.5.1 betrachtete Beispiel können 11 minimale Schnitte bestimmt werden:

$C_1 = \{K_1\}$ $C_7 = \{K_5,K_8\}$

$C_2 = \{K_3,K_4\}$ $C_8 = \{K_4,K_7\}$

$C_3 = \{K_3,K_6\}$ $C_9 = \{K_6,K_7\}$

$C_4 = \{K_3,K_8\}$ $C_{10} = \{K_7,K_8\}$

$C_5 = \{K_4,K_5\}$ $C_{11} = \{K_{10}\}$

$C_6 = \{K_5,K_6\}$

Das reduzierte Seriensystem hat damit die Form:

Abb.II-40

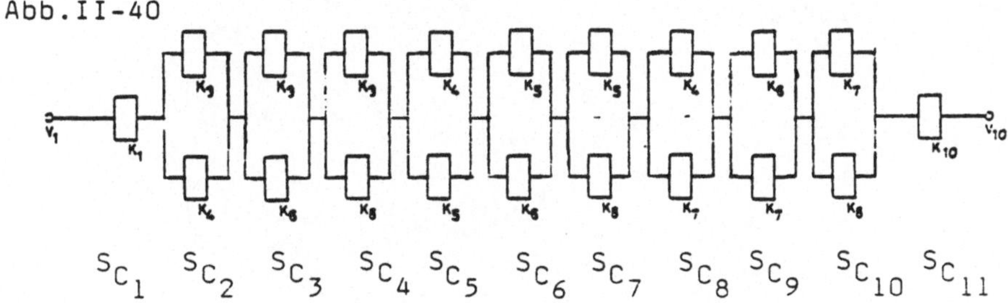

S_{C_1} S_{C_2} S_{C_3} S_{C_4} S_{C_5} S_{C_6} S_{C_7} S_{C_8} S_{C_9} $S_{C_{10}}$ $S_{C_{11}}$

mit den Teilsystemfunktionen:

---

[1] vgl. GAEDE [1973,S.29], Reduzierte Serienform

$s_{S_{C_1}}(\underline{z})=1-(1-z_1)$

$s_{S_{C_2}}(\underline{z})=1-(1-z_3)(1-z_4)$

$s_{S_{C_3}}(\underline{z})=1-(1-z_3)(1-z_6)$

$s_{S_{C_4}}(\underline{z})=1-(1-z_3)(1-z_8)$

$s_{S_{C_5}}(\underline{z})=1-(1-z_4)(1-z_5)$

$s_{S_{C_6}}(\underline{z})=1-(1-z_5)(1-z_6)$

$s_{S_{C_7}}(\underline{z})=1-(1-z_5)(1-z_8)$

$s_{S_{C_8}}(\underline{z})=1-(1-z_4)(1-z_7)$

$s_{S_{C_9}}(\underline{z})=1-(1-z_6)(1-z_7)$

$s_{S_{C_{10}}}(\underline{z})=1-(1-z_7)(1-z_8)$

$s_{S_{C_{11}}}(\underline{z})=1-(1-z_{10})$

Die Systemfunktion kann mit (2.1.5.2) als Produkt der Teilsystemfunktionen geschrieben werden:

$$s(\underline{z}) = (1-(1-z_1))(1-(1-z_3)(1-z_4))....(1-(1-z_{10}))$$

Das System ist genau dann intakt, wenn in keinem Schnitt alle Komponenten defekt sind.

Schon das einfache Beispiel zeigt, daß die algebraische Form der Systemfunktion sehr umfangreich wird und für komplexere Systeme andere Verfahren zur Feststellung des Systemzustandes gefunden werden müssen.

2.1.6 Abhängige Verteilungen

Eine entscheidende Einschränkung aller Modelle für störanfällige Systeme liegt darin, daß die unterstellten zufälligen Ausfälle der Komponenten voneinander unabhängig sein müssen. Das in der Realität durchaus auftretende Phänomen der Abhängigkeit läßt sich im Rahmen der mathematischen Theorie durch bedingte Verteilungen erfassen (vgl. 1.2.10).
Sind τ_i die Lebensdauern der Komponenten K_i (i=1,2), dann kann die bedingte Verteilung von τ_1 unter τ_2 nur bei vollständiger Information über die gemeinsame Verteilung $f_{\tau_1\tau_2}$ bestimmt werden

$$f_{\tau_1}(s|t) = \frac{f_{\tau_1\tau_2}(s,t)}{f_{\tau_2}(t)} \quad .$$

Für die Praxis wird normalerweise dieses Verfahren zu aufwendig sein, insbesondere wenn die Lebensdauer einer Komponente von mehreren anderen Komponenten abhängt [1].
Mit einem einfacheren Modellansatz, bei dem aus den eingetroffenen Zuständen der unabhängigen Komponenten auf den Zustand der abhängigen geschlossen wird, verliert man zwar die Verteilungsaussage, erhält aber dafür ein plausibles einfaches Ableitungsverfahren.
Unter der Annahme, daß das Ausfallverhalten der Komponente K_i von den Zuständen der Komponenten $K_{d_1^i}, \ldots, K_{d_m^i}$ abhängt, kann ein Schema für die Bestimmung des Zustandes "defekt" der Komponente K_i abgeleitet werden. In diesem Schema sind die Kombinationen der Zustände

$$\underline{z}_d i := (z_{d_1^i}, .., z_{d_m^i})$$

festgehalten, die zum Ausfall der Komponente K_i führen.

---

1) Zusätzlich besteht noch das Problem der Datenbeschaffung.

Man bezeichne dieses Schema der relevanten Zustandskombinationen als <u>Abhhängigkeitsprofil</u> $\underline{DM}^i$ der Komponente K_i

$$\underline{DM}^i = (dm^i_{jk})_{\substack{1 \leq j \leq l \\ 1 \leq k \leq m}} \quad \text{mit}$$

$$dm^i_{jk} := \begin{cases} 0 \text{ , falls } K_{d_k} \text{ für den Ausfall von } K_i \\ \quad \text{in der Zustandskombination j defekt} \\ 1 \text{ , falls } K_{d_k} \text{ für den Ausfall von } K_i \\ \quad \text{in der Zustandskombination j intakt .} \end{cases}$$

Durch die Vorgabe eines Abhängigkeitsprofils ist die Bestimmung des Zustandes der Komponente K_i einfach, denn immer wenn ein Zustand $(z_{d^i_1},..,z_{d^i_m})$ eintritt, der einer Zeile der Matrix $\underline{DM}^i$ entspricht $(dm^i_{j1},..,dm^i_{jm})$, gilt die Komponente als defekt.

Beispiel: Abhängigkeitsprofil

Für das Parallelsystem $S=(K_1,K_2,K_3,K_4)$ möge das Ausfallverhalten der Komponente K_4 von den Zuständen der Komponenten K_1,K_2,K_3 abhängen. Die bekannte Abhängigkeit wird durch $\underline{DM}^4$ festgehalten:

Abb.II-41

$\underline{DM}^4$ =

K_1	K_2	K_3
1	0	0
0	1	0
0	0	1

Daraus folgt, daß K_4 ausfällt, wenn eine der Zustandskombinationen (1,0,0),(0,1,0),(0,0,1) eintritt.

2.2 Stochastisch analytische Modelle

Die bisher mehrfach erörterte Systemfunktion stellt zwar den mathematischen formulierbaren Zusammenhang eines störanfälligen Systems dar, hat aber den Nachteil

- nur für einfache Strukturen analytisch ableitbar und
- nur in Spezialfällen auf Zeitverteilungen übertragbar zu sein.

Insbesondere bei Systemen mit mehreren Ausfallraten, bei denen die Zustände nicht allein durch Boolesche Variable beschreibbar sind, müssen alle möglichen Zustände klassifiziert (numeriert) werden. In kurzer Darstellung werden die drei wichtigsten Prozesse vorgestellt, die sich für die Anwendung bewährt haben.

Das einfachste statische Modell eines störanfälligen Systems basiert auf der Beschreibung des Ausfallverhaltens jeder Komponente K_i (i=1,..,n) durch die Ausfallwahrscheinlichkeit

$$p_i := P(\{z_i=0\}) .$$

Die Wahrscheinlichkeit des Systemausfalls

$$p_s := P(\{s(\underline{z})=0\})$$ [1)]

kann nur bestimmt werden, wenn die Systemfunktion bekannt ist. Beim Übergang vom statischen zum zeitbezogenen dynamischen Modell ($z_i \longrightarrow z_i(t)$) muß anstatt der punktuellen Berechnung der Ausfallwahrscheinlichkeit zu einem Zeitpunkt t

$$p_s(t) = P(\{s(\underline{z}(t)=0\})$$

die Ermittlung der Lebensdauerverteilung $F_{\tau_s}(t)$ des Systems stehen.

[1)] Die Wahrscheinlichkeit des Ausfalls eines Seriensystems $S=(K_1,K_2)$ wird entsprechend (2.1.3.2) durch $p_s=p_1p_2$ bestimmt.

2.2.1 Markov-Prozesse

Der wichtigste stochastische Prozeß zur Beschreibung von Zustandsänderungen ist der Markov-Prozeß, dessen Eigenschaft schon in 1.2.13 aufgezeigt wurde. Demnach versteht man unter einem Markov-Prozeß $z(t)$ einen stochastischen Prozeß, der einen abzählbaren Zustandsraum N und die Markov-Eigenschaft[1] (1.2.13.1) besitzt. Die zeitabhängigen Übergangswahrscheinlichkeiten werden abkürzend $p_{ij}(t)$ mit

(2.2.1.1) $$p_{ij}(t) := P(\{z(t)=j\}|\{z(0)=i\})$$

genannt. Für homogene Markov-Prozesse[1] gelten die nachstehenden Eigenschaften:

(2.2.1.2) $$p_{ij}(t) \geq 0$$ für alle i,j aus dem Zustandsraum N und beliebig gewählte Zeit t,

(2.2.1.3) $$\sum_{j \in N} p_{ij}(t) = 1$$ für jeden Zustand i und beliebig gewählte Zeit t,

sowie die zentrale Gleichung von CHAPMAN und KOLMOGOROV[2]

(2.2.1.4) $$p_{ij}(s+t) = \sum_{k \in N} p_{ik}(s)\, p_{kj}(t)$$

für alle i,j aus dem Zustandraum N und beliebig gewählte Zeiten s und t.

Die Theorie der Markov-Prozesse soll dazu dienen, für eine gewisse Klasse[3] von Zuständen Übergangsraten $q_{ij} = \lim_{t \to \infty} p_{ij}(t)$ zu bestimmen, die zeitinvariant sind und aus dem Differentialgleichungssystem

(2.2.1.5)
$$\frac{d}{dt} p_{ij}(t) = \sum_{k \in N} p_{ik}(t)\, q_{kj}$$
$$\frac{d}{dt} p_{ij}(t) = \sum_{k \in N} q_{jk}\, p_{kj}(t)$$

unter Zuhilfenahme von (2.2.1.4) berechenbar sind.

---

1) Markov-Prozesse, deren Übergangswahrscheinlichkeiten unabhängig vom betrachteten Zeitpunkt sind (vgl.1.2.14).

2) zum Beweis siehe GAEDE [1973,S.94].

3) Die Betrachtung von Übergangsgraphen und Klasseneinteilung in rekurrente und transiente Zustände würde über den Rahmen der vorgestellten Methoden hinausgehen und kann in CHUNG [1960] nachgelesen werden.

Nach Kenntnis der Übergangsraten q_{ij} ist die Bestimmung der gesuchten <u>Grenzverteilung</u> (stationäre Verteilung)

(2.2.1.6) $$\pi_j := \lim_{t \to \infty} p_{ij}(t)$$

möglich, die unabhängig von vorgegebenen Startverteilungen für jeden Zustand j aus N existiert[1].

Die Grenzverteilung kann dahingehend interpretiert werden, daß nach genügend langer Zeit für jeden Zustand eine unabhängige Zustandswahrscheinlichkeit (z.B. Intaktwahrscheinlichkeit) existiert, die die erwünschte Information über das stochastische Verhalten liefert.

Die Betrachtung von störanfälligen Systemen, die reparierbar sind oder kalte Reserve haben, ist zwar mit diesem Hilfsmittel wegen der Erweiterung des Zustandsraumes durchaus möglich, führt aber nur dann zu Ergebnissen, wenn die Voraussetzungen für die Lösung des Differentialgleichungssystems (2.2.1.5) gegeben sind. Diese Voraussetzungen beziehen sich auf die Lebensdauerverteilungen (bzw. Reparaturzeitverteilungen bei Systemen mit Reparatur) der einzelnen Komponenten. Nur Exponentialverteilungen gewährleisten die Berechnung einer Grenzverteilung (2.2.1.6).

Sowohl durch diese stark einschränkende Verteilungsprämisse wie auch durch die Berechnung des Differentialgleichungssystems sind Markov-Modelle nur beschränkt zur Beschreibung von störanfälligen Systemen geeignet. Eine weitere Klasse von stochastischen Prozessen wird im anschließenden Abschnitt vorgestellt.

---

[1] Die Aussage ist für homogene irreduzible Markov-Prozesse gültig.

2.2.2 Erneuerungsprozesse

Die Untersuchung von störanfälligen Systemen mit kalter Reserve, bei denen ausfallende Komponenten ohne Zeitverzug durch gleichartige neue ersetzt werden, gab Anlaß zur Betrachtung von Erneuerungsprozessen[1]. Die Erneuerungszeitpunkte sind durch die Folge von Zwischenzeiten $(\xi_1,\xi_2,..)$ (Lebensdauer hintereinander verbrauchter Komponenten) bestimmt:

$$(\xi_0,\xi_1,\xi_2,..) = (0,\tau_1,\tau_1+\tau_2,\tau_1+\tau_2+\tau_3,...) \quad .$$

Sind die Zwischenzeiten unabhängig und nach $F_\tau(t)$ identisch verteilt, dann kann die Verteilung des Erneuerungsprozesses (ξ_n) [2] durch Faltungsintegrale [3] bestimmt werden:

$$F_{\xi_1}(t) = P(\{\xi_1 \leq t\}) = P(\{\tau_1 \leq t\}) = F_\tau(t)$$

$$F_{\xi_2}(t) = P(\{\xi_2 \leq t\}) = P(\{\tau_1+\tau_2 \leq t\}) = F_\tau * F_\tau(t)$$

$$\cdot \qquad \cdot \qquad \cdot \qquad \cdot$$

$$F_{\xi_n}(t) = P(\{\xi_n \leq t\}) = P(\{\sum_{i=1}^{n} \tau_i \leq t\}) = F^{n*} \quad .$$

Neben den Erneuerungszeitpunkten interessieren auch die gezählten Erneuerungen bis zu einem Zeitpunkt t, um beispielsweise die Anzahl notwendiger Reservekomponenten zu bemessen. Durch den <u>Zählprozeß</u>

$$N(t) := \max (k: \xi_k \leq t,\ k \in \{0,1,2,..\})$$

und dessen Verteilung

$$P(\{N(t) \leq k\}) = P(\{\xi_k \leq t\})$$

wird dieser Aspekt des Ausfallverhaltens mathematisch dargestellt. Ist die Lebensdauer der ausfallenden Komponenten

---

[1] vgl. Definition 1.2.15 ; hier abkürzend ξ_k für $\xi(k)$ geschrieben.

[2] Abkürzend für $(\xi_0,\xi_1,\xi_2,\xi_3,...)$.

[3] Die Faltung zweier Verteilungsfunktionen F und G ist definiert durch
$$F*G(t) := \int_0^t F(x)G(t-x)dx$$. Man schreibt $F^{2*} = F*F$, $F^{3*} = F*F*F$, ..

exponentialverteilt, dann gilt für den zugehörigen Zählprozeß die Poisson-Verteilung (vgl. 1.3.2.4).
Durch die <u>Erneuerungsfunktion</u>

$$H(t) := \sum_{i=1}^{\infty} F_{\xi_i}(t) = E(N(t)) \tag{2.2.2.1}$$

bzw. <u>Erneuerungsdichte</u> h(t) mit

$$H(t) = \int_0^t h(t)\, dt \tag{2.2.2.2}$$

kommt man zu allgemeingültigen Aussagen der Erneuerungstheorie:

$$\lim_{t\to\infty} \frac{H(t)}{t} = \frac{1}{\mu} \quad \text{, mit } \mu = E(\xi_i) \text{ , } i=1,2,\ldots \text{ ,} \tag{2.2.2.3}$$

$$\lim_{t\to\infty} (H(t+s) - H(t)) = \frac{s}{\mu} \quad \text{für } s \geq 0 \tag{2.2.2.4}$$ [1].

Vergleichbar dem Vorgehen in 2.2.1 kann also auch für Erneuerungsprozesse die Stationarität betrachtet werden, woraus sich die praxisbezogene Daumenregel herleiten läßt, daß für ein Zeitintervall T im Mittel T/μ Reservekomponenten bevorratet werden müssen, wenn μ die mittlere Lebensdauer der Komponente ist.

Für einige modifizierte Erneuerungsprozesse lassen sich noch interessante Resultate herleiten (verzögerter Erneuerungsprozeß, Erneuerungen bei Inspektion, alternierende Erneuerungsprozeß mit Reparaturzeiten). Allen gemeinsam ist aber die Forderung nach Unabhängigkeit der Zeitverteilungen. Ebenfalls darf bei einbezogenen Bedienzeiten (Reparaturzeiten) kein Bedienengpaß auftreten. Die Verteilungspämissen sind zwar nicht so restriktiv wie in 2.2.1, aber dennoch muß die Berechnung der Faltung aus den Lebensdauerverteilungen formelmäßig möglich sein, da deren numerische Behandlung kaum gangbar sein wird.

---

[1] vgl. COX [1966,S.53], Satz von BLACKWELL

2.2.3 Semi-Markov-Prozesse

Als letzte Gruppe von stochastischen Prozessen werden die Semi-Markov-Prozesse vorgestellt, die in sich die Vorteile der Markov-Prozesse und Erneuerungsprozesse vereinigen. Bei diesem methodischen Ansatz löst man sich von der Einschränkung, nur exponentialverteilte Zustandszeiten zuzulassen. In der Anwendung können diese Prozesse dazu benutzt werden, um störanfällige Systeme mit Wartung und Reparatur nachzubilden (Zustände: intakt/defekt/in Wartung).

Abb.II-42

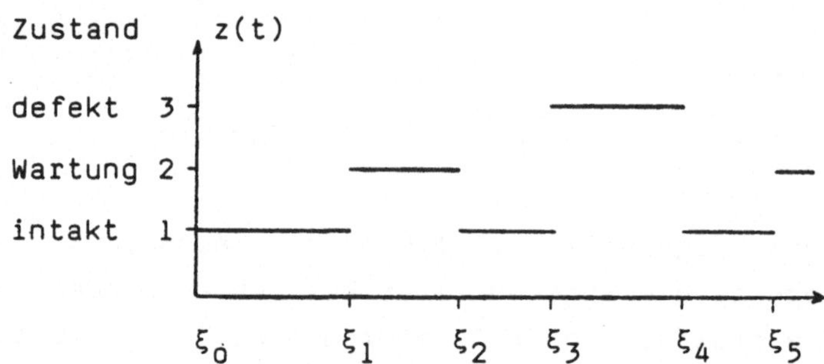

$$z(t) = \begin{cases} 1 \quad , & \text{falls Komponente intakt} \\ 2 \quad , & \text{falls Komponente in Wartung} \\ 3 \quad , & \text{falls Komponente intakt} \end{cases}$$

Der durch die Folge $(x_0,\xi_0,x_1,\xi_1,x_2,\xi_2,\dots)$ festgelegte stochastische Prozeß z(t) $[z(t)=x_i$ für $\xi_i \le t \le \xi_{i+1}]$ mit modifizierter Markov-Eigenschaft heißt (homogener) <u>Semi-Markov-Prozeß</u> mit den Übergangswahrscheinlichkeiten

$$Q_{ij}(t) := P(\{x_{k+1}=j, \xi_{k+1}-\xi_k \le t\} \mid \{x_k=i\})$$ [1] .

---

[1] KOLHAS [1982,Kap.7] , GAEDE [1973,S.183] .

Die praktische Berechnung der stationären Verteilung (vgl. (2.2.1.6)) kann nur in Ausnahmefällen bei relativ einfachen Strukturen durchgeführt werden, deswegen ist dieses Modell mehr unter dem theoretischen Aspekt zu sehen.

Zusammenfassend kann gesagt werden, daß analytische Modelle sehr elegante und befriedigende Lösungen bieten, wenn das betrachtete Modell keine allzu komplexen Strukturen aufweist und die vorauszusetzenden Verteilungen "gutartig" sind. Die Theorie der Markov-Prozesse ist anwendbar, falls eine Vielzahl von verschiedenene Zuständen mit exponentialverteilten Zustandsverweilzeiten existiert.
Demgegenüber gilt der Ansatz der Erneuerungsprozesse einfachen Strukturen mit alternierenden Zuständen und beliebig verteilten unabhängigen Zustandsverweilzeiten.

2.3 Simulation

2.3.1 Allgemeiner Simulationsansatz

Die bisher behandelte Methodik der analytischen Aufbereitung von quantitativ erfaßbaren Modellstrukturen ist wohl aus der Sicht des Anwenders solcher Methoden nur selten in präzise Formalistik zu pressen. Der Weg der Vergröberung und somit möglichen Approximation durch vorhandene Rechenvorschriften ist zwar eher gangbar, wird aber durch Unschärfe und Aufwand getrübt. In den meisten (natürlich nicht in allen) Fällen ist die Problemauflösung und Reduktion auf Teilprobleme nicht durch fertige mathematische Grundgebäude erreichbar, vielmehr muß der Analytiker mit Intuition und analytischem Geschick abwägen, ob ein angebotenes Reservoir an mathematischen Lösungswegen angemessen ist, oder ob ein problemspezifischer Lösungsweg gefunden werden muß, der die modellmäßige Abbildung exakter und plausibler macht.
Für diesen letzten Ansatz ist die Technik der Simulation ein bewährtes Hilfsmittel, das dem Benutzer durch fehlende strukturelle Einschränkungen (Prämissenprüfung) zwar die Phase des Modellbaues erschwert, andererseits aber gerade durch diese Freiheit einen beliebig hohen Flexibilitätsgrad zuläßt. Gerade im Umfeld von nicht scharfen Daten (Unsicherheiten) bietet sich die ereignisorientierte stochastische Simulation an, da sie quasi als zufälliger Prozeß die erwartbaren stochastischen Ereignisse durchspielt und ihre Konsequenzen aufzeigt.
Als Richtlinie für den Aufbau von Simulationsmodellen kann lediglich gesagt werden, daß logisch zeitliche Interdependenzen von Ereignissen formal beschrieben und entsprechendes Datenmaterial bereitgestellt werden muß. Da ein Modell nur Teilaspekte der Realität widerspiegeln kann, ist die Abgrenzung eines Modells unerläßlich. Es erfordert viel Geschick und Erfahrung, um die notwendige Abstraktion und Festlegung der relevanten Einflußgrößen (Ereignisse) des zu untersuchenden Prozesses vorzunehmen.

Da die Simulation eine problemorientierte Methodik ist und aus diesem Grund nicht als geschlossene mathematische Disziplin darstellbar ist, können dem potentiellen Anwender zum Aufbau von Simulationsmodellen lediglich logische Kategorien an die Hand gegeben werden, die gleichermaßen eine Richtschnur für die Problemanalyse darstellen. Grundsätzlich sollten alle relevanten Elemente eines Modells den folgenden Kategorien zuzuordnen sein.

Die Betrachtungseinheiten, die als (eventuell beweglich) durch das System fließend angesehen werden und dabei Aktionen auslösen, die den jeweiligen Zustand ändern, nennt man Transaktionen (transaction).

Demgegenüber stehen die im allgemeinen "festen" Betrachtungseinheiten (i.a. Bedienungsstationen, Bedienungskanal), die Aktionen vornehmen (Ort der Aktion) und als Fazilität (facility) bezeichnet werden. In der Regel wird man Engpaßsituationen betrachten müssen, bei denen Transaktionen auf "freie" Fazilitäten warten müssen. Der dadurch entstehende Stau von Transaktionen wird Warteschlange (queue) genannt.

Neben den drei genannten Elementen können noch Attribute (Eigenschaften von Transaktionen) betrachtet werden, die unterschiedliche Aktionen verursachen. Durch vorgebbare oder gegebene Verhaltensregeln (Strategien) können gegebenenfalls alternative Aktionsabläufe gesteuert werden. Um neben systematisch strukturellen Aussagen auch zu quantitativen Ergebnissen zu gelangen, ist die Vorgabe von Werten (Daten) zwingend notwendig.

Da die Simulation im engeren Sinne als stochastisch angesehen werden soll, werden die Daten in Form von Statistiken (Verteilungstypen, Parameter) angefordert werden.

Die Mehrzahl aller Prozesse, die sich auf die Bearbeitung oder Bedienung von logischen Einheiten beziehen, lassen sich durch die o.g. Größen darstellen. Das dynamische Prozeßgeschehen wird durch die nach Verhaltensregeln festgelegte (simulierte) Abfolge von Systemzuständen abgebildet. Diese Zustandsfolge wird durch das Eintreten von Ereignissen determiniert.

2.3.2 Ereignistypen und Ereignislisten

Neben den in 2.3.1 aufgeführten logischen Betrachtungseinheiten, die AKtionen auslösen und Aktionen vornehmen, muß die Problemanalyse auch eine Klasseneinteilung der denkbaren und zugelassenen Systemzustände aufzeigen. In der Regel wird man zur Beschreibung des Prozeßablaufs mit zwei Grundereignissen auskommen. Das erste Ereignis bezieht sich auf das Anstoßen einer Aktion, also das Eintreffen einer Transaktion, demnach <u>Ankunft</u> genannt. Das zweite Ereignis bezieht sich auf die durch die Aktion hervorgerufene Zustandsänderung, d.h. auf den Abschluß der Aktion (Bedienzeitende), der durch das <u>Freiwerden</u> der Fazilität gekennzeichnet ist [1].

Für Transaktionen und Fazilitäten können demnach nur die Zustände "Warten" oder "Bearbeitung" [2] in Betracht kommen. Wesentlich für die spätere Auswertung der Simulation ist die Dokumentation der jeweiligen Verweilzeiten in den entsprechenden Zuständen. Durch das Einrichten von sogenannten <u>Ereignislisten</u> wird das systematische Bearbeiten von Aktionsfolgen ermöglicht. Diese Ereignislisten halten in übersichtlicher Form die Zeitpunkte der auftretenden Ereignisse (Ereignistyp <u>A</u> (Ankunft) und <u>F</u> (Freiwerden)) und damit auch die Zustandsverweilzeit fest.

In Abb. ist exemplarisch eine Ereignisliste dargestellt, die neben den Eintreffzeiten für die Ereignisse t_A, t_F auch die Wartezeiten w_T und w_F für wartende Transaktionen und Fazilitäten ausweist.
Die Ereignisse werden in ihrer zeitlichen Reihenfolge so dargestellt, daß man den Typ und den Zeitpunkt des Eintritts ablesen kann. Diese Darstellung ist deshalb vorteilhaft, weil man den Zustand des Systems jederzeit erkennen kann und das Verhalten während des gesamten Verlaufs festgehalten wird.

---

[1] Das Belegen einer Fazilität als dritter Ereignistyp kann vernachlässigt werden, da dieser Typ entweder mit einer Ankunft oder einem Freiwerden koinzidiert.

[2] Hiermit ist gemeint: bearbeitet werden (Transaktion) oder bearbeiten (Fazilität).

Beispiel: Ereignisliste bei einer Fazilität

Abb:

Betrachtete Ereignisse A Ankunft Transaktion
B Belegen Fazilität
F Freiwerden Fazilität

Zeiten t_A Ankunftszeit der Transaktion
t_B Belegzeitpunkt der Fazilität
t_F Zeitpunkt des Freiwerdens der Fazilität

Vorgegebene Zeiten Zwischenankunftszeiten der Transaktionen $(t_{A_{i+1}}-t_{A_i})$, (15,15,20,..)
Belegdauer der Fazilität $(t_{F_i}-t_{B_i})$ (10,25,20,..)

.II-43

lge der eignisse N	Ankunft Transaktionen t_A	Belegen Fazilitaet t_B	Freiwerden Fazilitaet t_F	Warte-zeit w_T	Warte-zeit w_F
1	0				
2	15	0	10		
3	15		10		
4	15				
5	30	15	35		5
6	30		35		
7	50		35		
8	50	35	55	5	

-----> t Erzeugen eines Zeitpunktes

Die Bearbeitungsvorschrift besagt, daß jeweils das Ereignis mit dem nächstliegenden Zeitpunkt als Folgeereignis aktiviert wird. Bei jeder Ankunft wird der Zeitpunkt der nachfolgenden Ankunft festgelegt und bei jedem Belegen der Zeitpunkt des Freiwerdens.

Für die EDV-technische Aufbereitung wird man eine andere Form der Ereignisliste bevorzugen. In dieser abgeänderten Liste werden nur die zukünftigen Ereignisse mit ihrem Typ, ihrer Eintrittszeit und einer Nummer festgehalten.

Abb.II-44 Ereignisliste der zukünftigen Ereignisse

Ereignis Nummer	Zeit	Typ	Transaktions/ Fazilität Nr.[1)]
.	.	.	.
.	.	.	.
k	t_k	A	j
k+1	t_{k+1}	F	i
.	.	.	.
n	t_E	E	-

Diese Liste wird vom Simulationsprogramm aufgebaut, ergänzt und abgearbeitet. Zur Initiierung des Simulationsablaufs muß die Liste einmal vorbelegt werden, d.h. zumindest die erste Ankunft einer Transaktion und das Simulationsende (Ereignistyp E) müssen eingetragen werden. Durch das Simulationsprogramm wird jeweils das erste Ereignis (Ereignis mit kleinstem Zeiteintrag) aus der Liste gelesen, bearbeitet und gelöscht. Durch die logische Bearbeitung des Ereignisses wird wenigstens ein neues Ereignis erzeugt, das zeitlich sortiert in die Liste neu eingefügt wird. Diese Reproduktion von Ereignissen erzeugt die Dynamik, die die jeweils wechselnden Systemzustände hervorruft.
Neben dieser sich ständig ändernden Ereignisliste werden weitere Listen geführt, in denen Warteschlangen und Fazilitätenzustände festgehalten werden.
In 2.3.4 wird das Ablaufdiagramm eines Simulationsprogrammes aufgezeigt, das über die eben genannten Listen gesteuert wird.

---

1) Bei mehreren Fazilitäten dient diese Nummer der Zuordnung Ereignis → Fazilität.

2.3.3 Zufallsgeneratoren

Bisher wurden die in Listen verwalteten Ereigniszeitpunkte als gegeben angesehen. Entsprechend den früheren Ausführungen sollen die Simulationen stochastischer Natur sein, woraus die Notwendigkeit erwächst, die Ereigniszeitpunkte als zufällige Größen aufzufassen. Nimmt man an, daß allen betrachteten zufälligen Zeiten bekannte Verteilungsfunktionen (vgl. 1.3) zugrundeliegen, so stellt sich für die Simulation auf einem Rechner die Aufgabe, gemäß diesen Verteilungen Zufallszeiten (Zufallszahlen) zu erzeugen.

Für die synthetische Erzeugung von Zufallszahlen werden arithmetische Zufallsgeneratoren benutzt, deren Eigenschaften hier kurz erörtert werden sollen.

Da arithmetische Zufallsgeneratoren nicht tatsächlich dem Zufall, sondern vielmehr einem analytisch beschreibbaren Algorithmus ("Berechnungen") unterliegen, werden die so erzeugten Zufallszahlen auch Pseudo-Zufallszahlen genannt [1].

Die Legitimation zur Benutzung von Pseudo-Zufallszahlen bei Simulationen kann man aus der Erfüllung der nachstehenden Forderungen ableiten:

- Die erzeugte Zahlenreihe läßt sich als Stichprobe einer gleichverteilten Grundgesamtheit auffassen.
- Die Zahlen folgen regellos aufeinander (Unabhängigkeit).

Werden die genannten Annahmen nicht durch statistische Tests falsifiziert, dann können die so gewonnenen Pseudo-Zufallszahlen als Realisationen der gewünschten stochastischen Größen angesehen werden[2].

Der erste arithmetische Zufallsgenerator wurde 1946 von VON NEUMANN/METROPOLIS [3] entwickelt und als "mid square" Methode bekannt. Hierbei handelt es sich um die einfache

---

[1] Zufallsgeneratoren, die Zufallsexperimente in Zahlen umsetzen (z.B. physikalische Messungen), müssen mit erheblichem apparativem Aufwand verbunden sein und sind daher sehr unhandlich und kostenintensiv.

[2] Unter der Voraussetzung, daß die statistische Güte der benutzten Pseudo-Zufallszahlen groß genug ist, kann im folgenden auf die Unterscheidung der Begriffe Zufallszahl und Pseudo-Zufallszahl verzichtet werden.

Vorschrift, eine p-ziffrige Zahl zu quadrieren und aus dem 2p-ziffrigen Ergebnis die mittleren p-Ziffern als neue Zufallszahl anzusehen [1]. Die nachweisbare Verteilungsuntreue und kurze Periode führt zur Ablehnung der Methode.
Grundsätzlich wird jeder arithmetische Zufallsgenerator, der eine Folge von $(z_1, z_2, ..)$ von Zufallszahlen erzeugt, durch die rekursive Gestalt $(z_{i+1}=g(z_i))$ zyklisch arbeiten.
Den Startwert z_0 eines solchen Algorithmus nennt man <u>Zufallskeim</u>. LEHMER [2] entwickelte 1949 die Kongruenz-Methode, mit der aus zahlentheoretischen Erkenntnissen heraus die Zyklenlänge maximiert werden konnte. Durch die Verbindung von linearer Transformation und Restklassenbildung gelang ihm der Aufbau eines auch statistisch befriedigenden Zufallsgenerators. Der allgemeine Ansatz

(2.3.3.1) $$z_{n+1} \equiv (k \cdot z + 1) \bmod m$$

mit $k, l, m \in N$ und $m > \max\{l, k, z_0\}$ führt dann zur vollen Periode, wenn

(2.3.3.2) $$z_{n+1} \equiv [(4q+1)z_n + q] \bmod 2^p$$

mit ungeradem q und $z_0, p \in N$ gebildet wird.
Die Gleichverteilung auf dem Einheitsintervall wird durch

$$z_n' = z_n / 2^p$$

und anschließendem Abschneiden ("truncation") einiger Dezimalstellen erreicht.
In der Regel werden arithmetische Zufallsgeneratoren, die in Rechnern installiert sind, eine Zykluslänge von 2^{32} haben, so daß auch bei umfangreichen Stichproben die Gefahr der Periodizität nicht auftreten wird.

Neben der effektiven Erzeugung von Zufallszahlen kann ein weiterer Aspekt den Einsatz von arithmetischen Zufallsgeneratoren nützlich machen. Durch das "Aufsetzen" der rekur-

---

[1] Siehe TOCHER [1967, S.74].
[2] LEHMER [1951].

siven Berechnung mit einem Startwert (Zufallskeim) ist gewährleistet, daß bei wiederholtem Einsatz gegebenenfalls identische Folgen von Zufallszahlen zur Verfügung gestellt werden können. Beispielsweise ist diese Vorgehensweise notwendig zur Ermittlung von nichtstochastischen Einflüssen (Modellparameter).

Die Durchführung stochastischer Simulationen erfodert das wiederholte Realisieren von Zufallsvariablen unterschiedlicher, aber vorgegebener Verteilungen. Bisher unterliegen erzeugte Zufallszahlen der Gleichverteilung auf dem Intervall [0,1]. Um beliebige vorgegebene Verteilungen nachbilden zu können, muß eine Transformation gefunden werden, die gleichverteilte Zufallszahlen adäquat umformt. Eine einfache Lösung bietet sich an, wenn man als Transformationsformel die Verteilungsfunktion der zu transformierenden Variablen benutzt.

Im Spezialfall der Normalverteilung kann das asymptotische Verhalten der normierten und standardisierten Summe von beliebig unabhängig verteilten Zufallsvariablen herangezogen werden. Durch diese im "Zentralen Grenzwertsatz" der Wahrscheinlichkeitstheorie dargestellten Zusammenhänge reicht die Summation von gleichverteilten Realisationen $z_1, z_2, ..$

$$u = \sum_{i=1}^{12} z_i - 6 ,$$

wobei u für praktische Zwecke hinreichend genau der Realisation einer normalverteilten Zufallsvariablen mit Mittelwert 0 und Varianz 1 entspricht.

2.3.4 Simulationsablauf

In 2.3.2 und 2.3.3 wurden die beiden wesentlichen Bestandteile einer stochastischen ereignisorientierten Simulation skizziert. Zum einen ist dies die Festlegung der problembezogenen Ereignistypen für Transaktionen und Fazilitäten und zum anderen die Versorgung mit verteilungsabhängigen Zufallszahlen. Die eigentliche Logik einer Simulation läßt sich nur für "naive" Modelle standardmäßig formulieren. In Abb. wird ein Simulationsmodell durch ein Ablaufdiagramm dargestellt, in dem zufällige Ankünfte von gleichartigen Transaktionen durch eine Fazilität bearbeitet werden. Da auch die Bearbeitungszeiten zufällig sind, kann sich eine Warteschlange von Transaktionen vor der Fazilität bilden. Dieses Modell eines elementaren Wartesystems veranschaulicht die immer wiederkehrende Grundstruktur der Ablauforganisation, bei der, nach Ereignistypen getrennt, in logischen Blöcken Zustandsänderungen vorgenommen und abhängige zukünftige Ereignisse generiert werden.

Abb.II-45 Ablaufdiagramm Wartesystem mit einer Fazilität

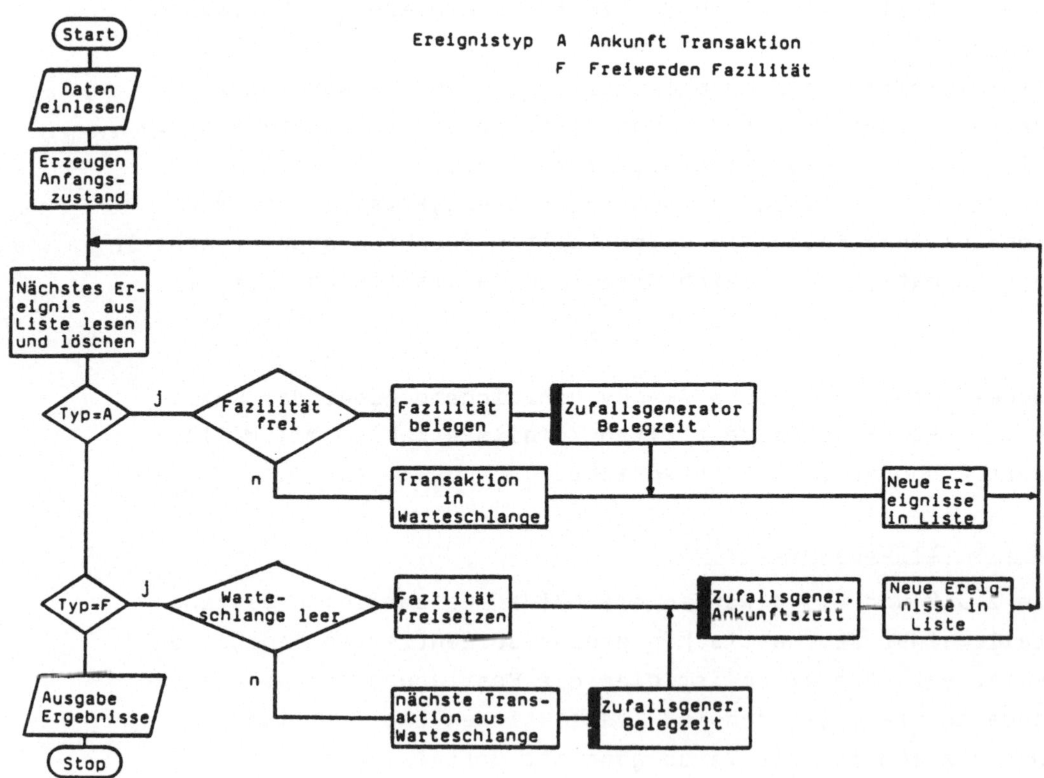

Für die Simulation störanfälliger Systeme mit Reparatur können die Ereignisse vom Typ A und F wie folgt interpretiert werden:

A Auftreten eines Komponentenausfalls

F Freiwerden eines Reparaturkanals (Reparaturzeitende, Komponente intakt)

Alle relevanten Systemzustände lassen sich durch das Auftreten von A und F ableiten, d.h. durch jedes der beiden Ereignisse wird eine Änderung des Zustandsvektors $\underline{z}$ hervorgerufen, der wiederum über die Systemfunktion den Systemzustand bestimmt. Mit fortschreitender Simulation wird für jeden erzeugten Ereigniszeitpunkt t_i (t_{A_i} oder t_{F_i}) ein Zustandsvektor $\underline{z}(t_i)$ und damit ein Systemzustand $s(\underline{z}(t_i))$ bestimmt, der mindestens bis zum Zeitpunkt t_{i+1} konstant bleibt. Als Erweiterung zu dem in Abb. betrachteten Modell muß die Prüfung der Systemzustände mitaufgenommen werden.

2.4 Implementierte Verfahren zur Analyse von Zuverlässigkeiten

Zur Berechnung von Systemzuverlässigkeiten gibt es einige Programmpakete [1], deren überwiegendes Grundkonzept darin liegt, batchorientierte analytische Rechenverfahren auf Großrechnern zu implementieren und gegebenenfalls durch Approximation Ober- und Unterschranke für Systemverfügbarkeiten zu berechnen. Den größten Verbreitungsgrad hat dabei die sogenannte Fehlerbaumanalyse, bei der eine stufenweise Zerlegung der möglichen Ereignisse vorgenommen wird. Im nachstehenden (Ereignis-) Baum [2] ist das Beispiel aus Abb.II-39 zur Erläuterung der Vorgehenswiese wiederaufgenommen worden.

Abb.II-46

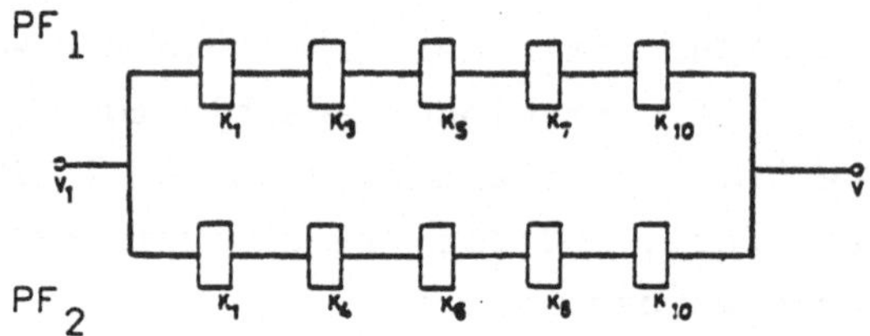

Fehlerbaum

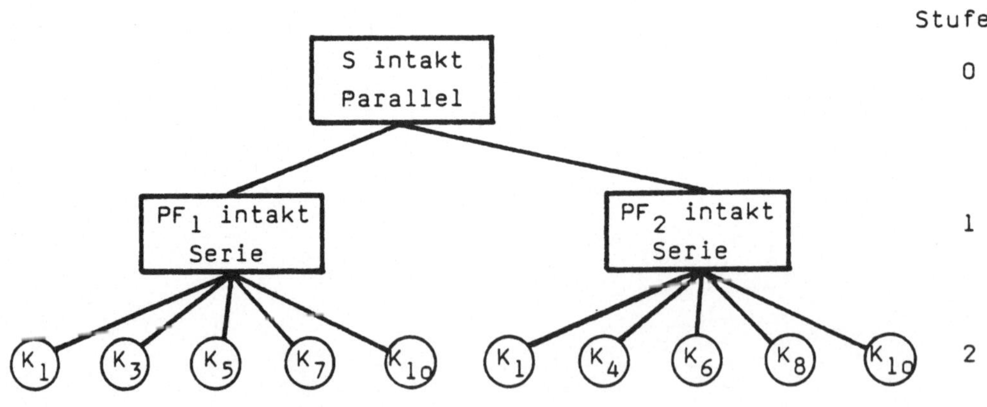

---

1) ARPANET siehe ROBERTS,WESSLER [1973]; IRAP3,NETRELAP siehe PASQUIER [1983].

2) vgl. Definition II 1.4.7 mit gerichteten von oben nach unten verlaufenden Kanten.

Die Wurzel des Baumes (Quellknoten, Stufe 0) wird als "top-event" (Gesamtsystem intakt) und alle nachfolgenden Knoten als entsprechende Intaktereignisse der zugeordneten Teilsysteme (Pfad PF_1 intakt, Stufe 1) interpretiert. Die Senken des Baumes (Senkknoten, Stufe 2) entsprechen den jeweiligen Intaktereignissen der Komponenten. Durch die Angabe der logischen Teilsystemstrukturen (Serie, Parallel, k-von-n) ist es auf jeder Stufe möglich, die Intaktwahrscheinlichkeit der übergeordneten Stufe zu berechnen, d.h. ausgehend von den Intaktwahrscheinlichkeiten der Komponenten $K_1, K_3, K_5, K_7, K_{10}$ kann beispielsweise die Intaktwahrscheinlichkeit des Teilsystems PF_1 (als Seriensystem der genannten Komponenten) bestimmt werden.
Die Fehlerbaumanalyse ist dann anwendbar, wenn die stufenweise logische Dekomposition eines störanfälligen Systems in alle Teilsysteme vorgenommen worden ist und die jeweilige Struktur feststeht. Mit der Bestimmung aller minimalen Schnitte oder minimalen Pfade eines sogearteten Fehlerbaumes können Ober- und Unterschranken für die Systemverfügbarkeit (bzw. Ausfallwahrscheinlichkeit) gefunden werden.
Das Verfahren NETRELAP von PASQUIER [1)] sei an dieser Stelle besonders erwähnt, da es wahlweise nach der eben geschilderten Analyse vorgeht oder mittels Markovscher Modelle die Zustandswahrscheinlichkeiten berechnet. Vorausgesetzt werden auch hier störanfällige Systeme, die sich durch azyklische Netze mit ausfallenden gerichteten Kanten darstellen lassen. Es werden nur Netzwerke mit einer Quelle und einer Senke betrachtet. Sowohl die Approximationsverfahren als auch die Berechnung der stationären Zustandswahrscheinlichkeiten (vorausgesetzte Exponentialverteilung) ergeben zwar eine Abschätzung der Systemintaktwahrscheinlichkeit nicht aber die Herleitung der Zeitverteilungen.

[1)] PASQUIER [1983].

III *Interaktiver Ansatz zur Modellgenerierung und Simulation auf Microcomputern*

1. Interaktiver Modellaufbau

1.1 Allgemeines zur Technik des interaktiven Arbeitens

Praktische Lösungsmöglichkeiten zu anstehenden Problemen ergeben sich stets aus der Verfügbarkeit vorhandener Methoden und Werkzeuge. Auch auf dem Gebiet der Zuverlässigkeitsanalyse waren robuste Schätzverfahren (Unter-/Obergrenze von Ausfallraten etc.) eher gefragt als rechenaufwendige Algorithmen, die ehedem nur in zeitaufwendigen Batchverfahren auf digitale Rechner gebracht werden konnten. Insbesondere die Phasen der Modellformulierung und Modellkorrektur waren in den noch nicht allzu weit zurückliegenden Zeiten des ausschließlichen Stapelbetriebs mühselig und sehr arbeitsintensiv. Mit der wachsenden Anforderung, Rechnersysteme benutzerfreundlich zu gestalten, wuchsen Dialogsysteme heran, deren Merkmale Online-Verarbeitung und dadurch bedingt Interaktionen waren.

Durch diese interaktive Datenverarbeitung wurde die Steuerung von umfangreichen Programmen (Jobs) dem Benutzer in die Hand gegeben. Innerhalb vorgegebener Handlungsalternativen kann der Benutzer die Verarbeitungsschritte wählen, die für die Lösung seines Problems notwendig sind. Dabei reicht das Spektrum der "interaktiven" Programme vom eng ausgelegten Menu (vorgedachte Problemlösung) bis zur komplexen Modellierung von Problemstrukturen (Planungssprachen, CAD-Modelle).

Die ersten Schritte der Software-Entwicklung in Richtung auf den "mündigen" Benutzer sind vollzogen, so daß in naher Zukunft neue Benutzersprachen erhöhte Anforderungen an die Kreativität und das Problembewußtsein der Anwender stellen werden.

Schon heute ergibt sich eine Diskrepanz zwischen der nicht ausgenutzten Funktionalität von Dialogsystemen und dem Unvermögen vieler EDV-Benutzer, ihre Probleme zu strukturieren

und zu formulieren. Ein Beispiel ist in der großen Verbreitung von sogenannten 'Spread Sheets' (Tabellenkalkulationsprogrammen) zu sehen, die in den meisten Fällen nicht adäquat eingesetzt werden, da viele Anwender sich außerstande sehen, ihre Probleme zweidimensional zu formulieren.
Grundsätzlich sollte neben der Entwicklung benutzerorientierter Anwendungssoftware immer mehr die Ausbildung der potentiellen "Datenverarbeiter" ins Auge gefaßt werden.
Nicht die Verlagerung der Programmkontrolle zum Anwender, sondern dessen eigenständig entwickelte EDV-Lösung bringt die erhoffte Produktivitätserhöhung vorhandener Rechnerkapazitäten. In der vorliegenden Arbeit wird gerade diesem Aspekt Rechnung getragen, da die Formulierung des spezifischen Problems (Analyse von Störanfälligkeiten) in einem freien Dialog geschieht.

1.2 Konzept der interaktiven Modellgenerierung und Simulation

1.2.1 Modellstrukturen

Bevor die Beschreibung des Simulationsverfahrens vorgenommen wird, muß nochmals in kurzer Form skizziert werden, welche Typen von störanfälligen Systemen zugrundegelegt werden dürfen.

Entsprechend den Vereinbarungen in Kapitel I 2.1.1 können wir ein störanfälliges System mit n Komponenten über Input-Output-Relationen abbilden.

Abb.III-1 Störanfälliges System mit mehrdimensionaler Input-Output-Beziehung $\underline{o} = s(\underline{i},\underline{z})$

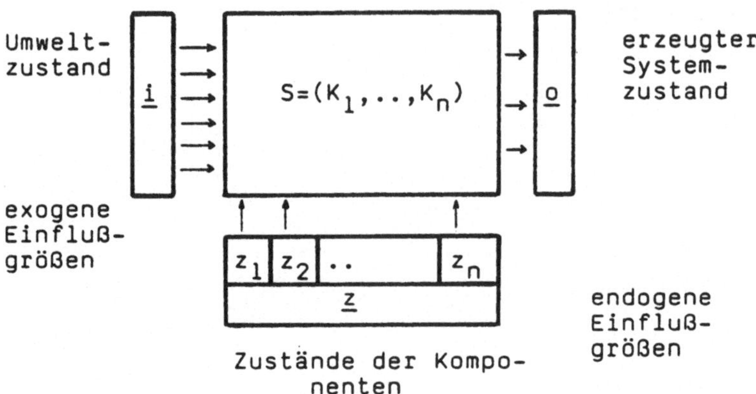

Unter dem Einfluß von vorgegebenen Umweltzuständen (exogenen Einflußgrößen) und sich zufällig ändernden Komponentenzuständen wird bedingt durch die Systemstruktur ein eindeutig feststellbarer Systemzustand erzeugt. Die Betrachtungsweise ist auf qualitative Aussagen beschränkt, d.h. es wird jeweils nur das Vorhandensein oder Fehlen einer Eigenschaft angezeit. Hierdurch sind alle beschreibenden Vektoren $(\underline{i},\underline{z},\underline{o})$ binär und als Indikatorvariablen aufzufassen.

Verzichtet man auf eine mehrdimensionale Vorgehensweise, dann liegt der klassische Fall vor, der die Systemzustände intakt (o=1) und defekt (o=0) aus den Komponentenzuständen $\underline{z}$ und der notwendig konstanten Umweltbedingung (i=1) ableitet.

Abb.III-2 Eindimensionale Input-Output-Beziehung

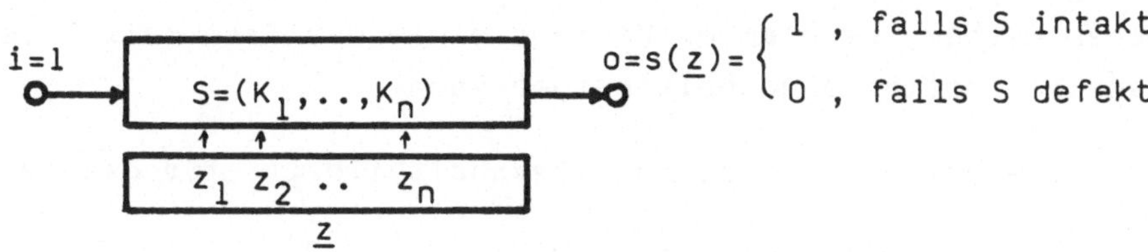

Fehlt die notwendige Bedingung (i=1), so ist das System trivial ($s(\underline{z})=0$ für alle $\underline{z}$).

Durch die Einführung mehrerer exogener Einflußgrößen und der mehrdimensionalen Zustandsmessung können störanfällige Systeme präziser beschrieben und detaillierter untersucht werden. Zur Veranschaulichung dient ein Beispiel aus der elektronischen Datenfernverarbeitung.

Beispiel: Rechnerverbund als störanfälliges System

Abb.III-3

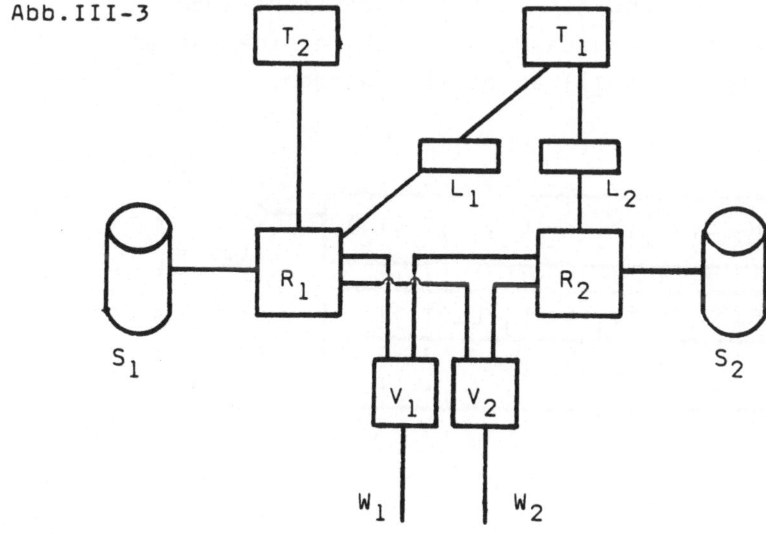

Zwei parallel arbeitende Rechnersysteme mit Zentralrechner (R_1,R_2), Plattenspeicher (S_1,S_2) und Vorrechner (V_1,V_2) erhalten über zwei Wählleitungen (W_1,W_2) Datenbamkinformation, die an den Terminals (T_1,T_2) ausgewertet werden kann. Terminal 1 ist über eine Standleitung (L_1,L_2) mit jedem der beiden Rechner verbunden. Terminal 2 kann nur auf Rechner R_1 zugreifen.
Das gesamte Rechnerverbundsystem soll dann als intakt angesehen werden, wenn an mindestens einem der Terminals Datenbankinformation eingeholt werden kann.

Das zugehörige Zuverlässigkeitsschaltbild ist für das System

$$S=(R_1,R_2,S_1,S_2,V_1,V_2,L_1,L_2,T_1,T_2)$$

in Abb.III-4 dargestellt.

Abb.III-4

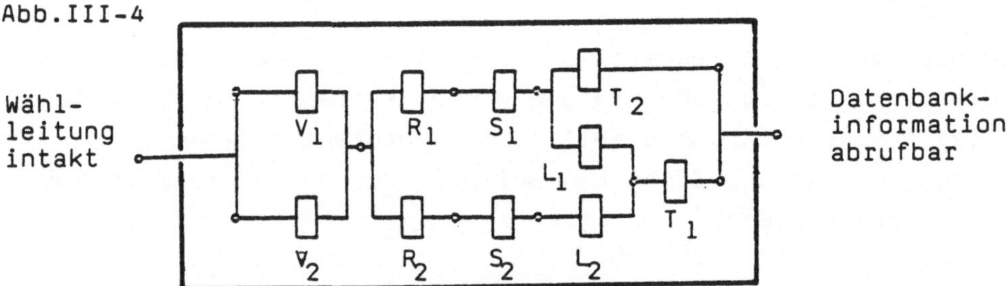

Damit kann aus dem vorgegebenen Umweltzustand (beide Wählleitungen intakt (i=1)) und den Zuständen der einzelnen Komponenten ($\underline{z}$) der Systemzustand (Datenbankinformation abrufbar / nicht abrufbar ($s(\underline{z})$)) abgeleitet werden.

Abb.III-5

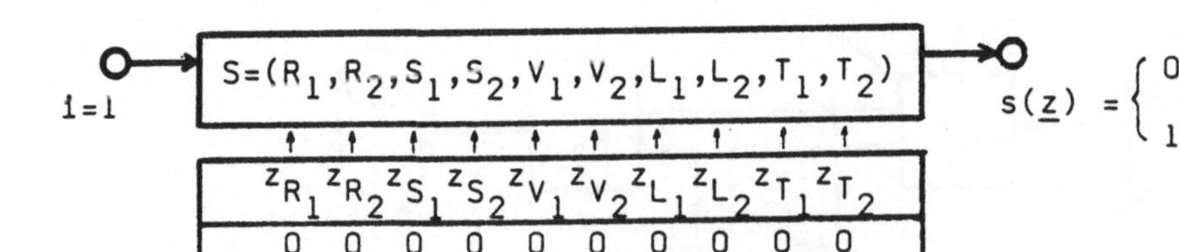

Die aus den in Abb.III-4 und Abb.III-5 dargestellten Modellen hervorgehende Information kann detaillierter sein, wenn man den Systemzustand als zweidimensionale Größe

$$\underline{s}(\underline{z}) = (s_{T_1}(\underline{z}), s_{T_2}(\underline{z}))$$

auffaßt, die das Vorhandensein der geforderten Funktion an Terminal 1 und Terminal 2 ausweist. Ebenso kann der Einfluß der exogenen Größen i_{W_1} und i_{W_2}, die den vorgegebenen Zustand der Wählleitungen angeben, zum Vektor $\underline{i}=(i_{W_1}, i_{W_2})$ zusammengefaßt werden. Durch diesen modifizierten Modellaufbau ist es möglich, in Abhängigkeit von verschiedenen Umweltzuständen ($\underline{i}=(1,1)$, $\underline{i}=(1,0)$, $\underline{i}=(0,1)$) die Systemfunktion

$$\underline{s}(\underline{i},\underline{z}) = (s_{T_1}(\underline{i},\underline{z}), s_{T_2}(\underline{i},\underline{z}))$$

zu bestimmen.

Abb.III-6

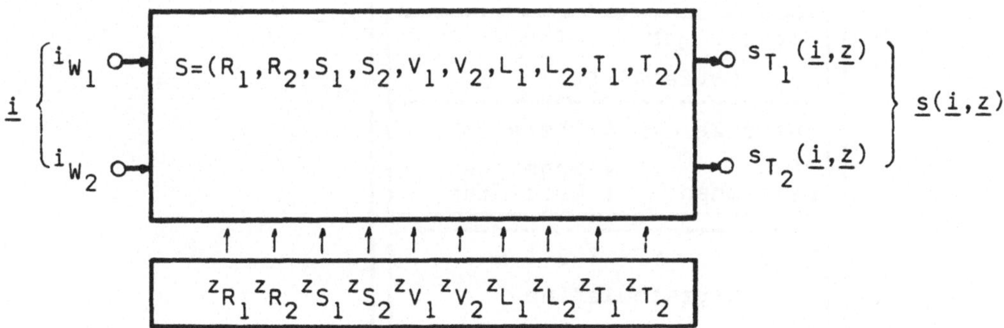

In Kapitel III werden weiter Konsequenzen dieses Modellansatzes diskutiert.

Alle störanfälligen Systeme $S=(K_1,..,K_n)$ werden (entsprechend I 2.1.4) als Netz dargestellt, wobei die exogenen Zustandsvariablen $i_1,..,i_k$ mit den Quellen und die erzeugten Systemzustände $\underline{s}(\underline{i},\underline{z})$ mit den Senken identifiziert werden.

1.2.2 Verfahren zur EDV-technischen Realisierung

Die mehr modelltheoretisch motivierten Aussagen des letzten Abschnittes dienen zur Abgrenzung des vorzunehmenden Modellbaues, ohne auf die eingesetzte Methodik einzugehen.
Vor der detaillierten Schilderung des realisierten Verfahrens wird die Prozedur des Modellaufbaus im Zusammenhang dargestellt.
Die erste grobe Gliederung unterscheidet drei Phasen.

Abb.III-7 Drei-Phasenmodell

Phase 1 N E T G E N Netzgenerierung	
Phase 1a Komponenten erfassen	Phase 1b Netzstruktur erfassen
Phase 2 N E T A N A Netzanalyse	
Phase 2a Pfade bestimmen	Phase 2b Schnitte bestimmen
Phase 3 N E T S I M Netzsimulation	

Jeder abgegrenzte Funktionsblock (Phase) wird im Dialog bearbeitet. Die Dialogführung ist nicht wie üblich als reine Kommandosprache aufgebaut, sondern wird weitgehend durch ein interaktives Graphikprogramm GRED (Graphik-Editor) bewerkstelligt. Diese Vorgehensweise bietet den Vorteil der visuellen Kontrolle über eingegebene Netzstrukturen, was gerade beim Aufbau von Modellen für den Benutzer von großer Wichtigkeit ist.

Der zweite Effekt, der durch den Einsatz von Graphik-Software erreicht wird, liegt in der erzielten Transparenz des Simulationsablaufs. Durch die Visualisierung des Prozeßgeschehens werden Zusammenhänge und Schwachpunkte eher erkannt. Programmtechnisch sind die Phasen NETGEN, NETANA und NETSIM in das dialogführende Graphikprogramm GRED eingebettet.

Abb.III-8

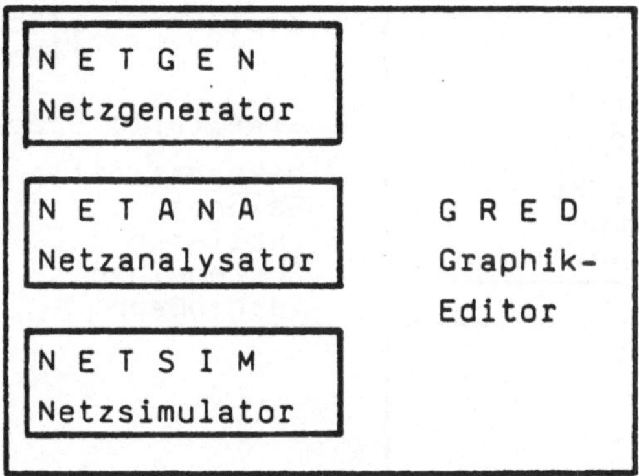

Durch den residenten Graphikkern (CAD-Funktionsbibliothek des GRED) können zu jedem Zeitpunkt Routinen der Phasen und Graphikbefehle aufgerufen werden . In Abb.III-9 wird eine Übersicht über die wichtigsten verfügbaren Funktionen gegeben.

Abb.III-9 Phasenfunktionen und Graphikoperationen

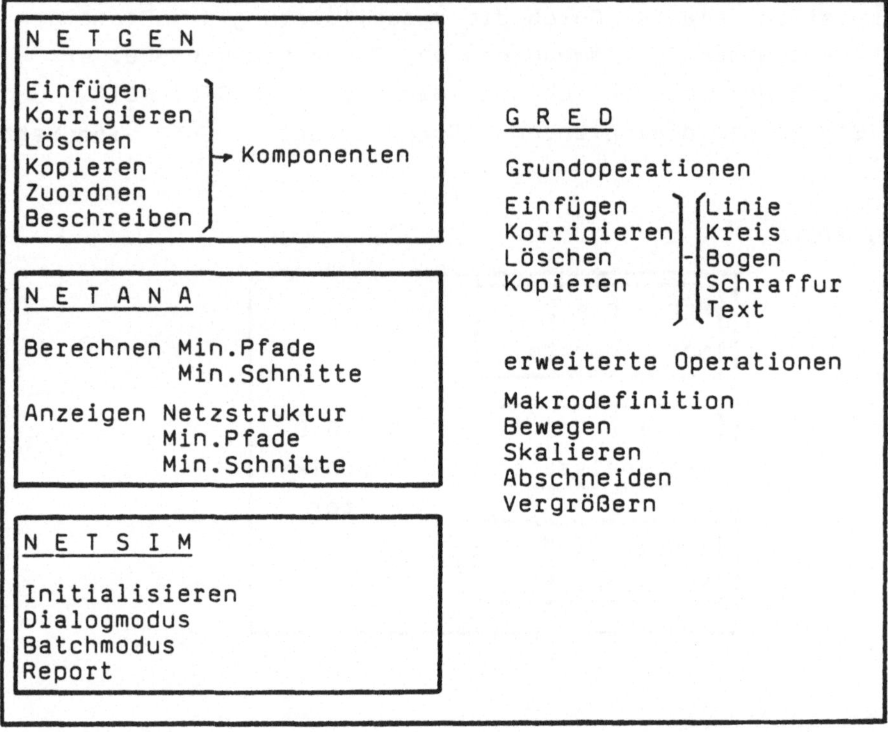

Der Einsatz von Routinen, die Netzstrukturen und deren graphische Darstellung erzeugen, fordert die Trennung von zwei Betrachtungsebenen innerhalb des Modells. Neben der darstellenden (beschreibenden) Ebene existiert eine logische Ebene. Diese Unterscheidung ist für den Ablauf der mathematischen Algorithmen zwingend notwendig.
Das dem Modell zugrundeliegende Speicherkonzept (Datenmodell) spiegelt diesen Sachverhalt wieder.

Abb.III-10 Datenmodell

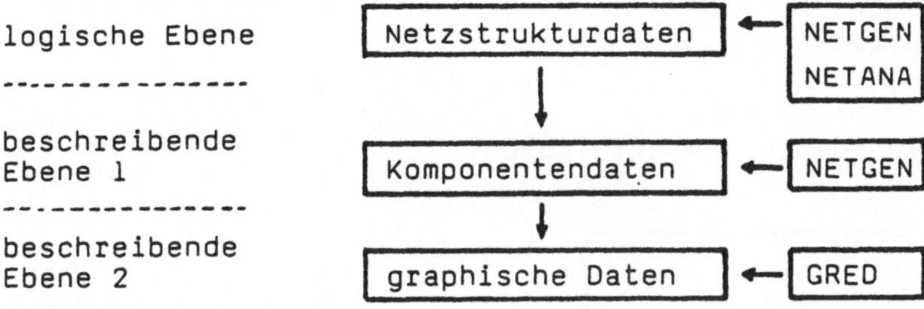

Die logischen Daten repräsentieren die Beziehungen zwischen den Komponenten und daraus hergeleitete Struktureigenschaften. Aufgrund der vorausgesetzten Eigenschaften störanfälliger Systeme trägt die Kantenmatrix die notwendige Strukturinformation und wird somit als Hauptbestandteil der logischen Daten aufgefaßt. Daneben bilden die ermittelten Schnitte und Pfade den zweiten Teil der logischen Daten.

Die beschreibenden Daten können klassifiziert werden in Komponentenstammdaten, statistische Daten und graphische Daten. Alle Datenbereiche gemeinsam werden Modellbasis genannt.

Abb.III-11 logische und beschreibende Daten, Modellbasis

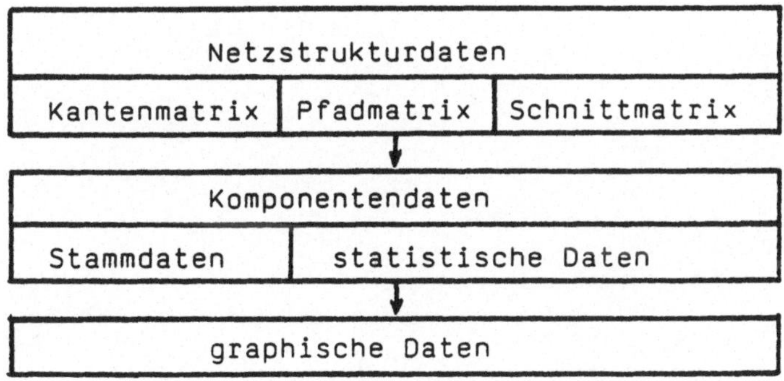

Die Modellbasis stellt das Datenmaterial für die Simulation bereit. Aus der Simulation hervorgehende Ergebnisdaten (Statistiken) werden in einem weiteren getrennten Datenbereich abgelegt.

Abb.III-12 Daten zur Simulation

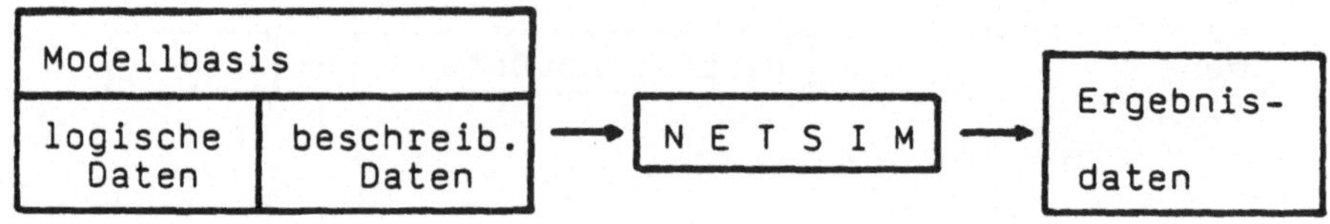

Der logischen Entwicklung eines Modells zur Simulation von störanfälligen Systemen entspricht das Ablaufdiagramm in Abb.III-13 .

Abb.III-13

Programmablauf
Programmteil
Datenbereich
Start
1
Phase 1a
Erfassen der Komponenten
- graphisch
- statistisch
- bezeichnend
Phase 1b
Erfassen der Komponenten-zuordnung
Phase 2a
Ermittlung minimale Pfade
Phase 2b
Ermittlung minimale Schnitte
Phase 3
Simulation
Report
weitere Simulation
Modell-korrektur
Stop
NETGEN
NETANA
NETSIM
Kompon. Daten
statist. Daten
graph. Daten
Kanten-matrix
Pfad-matrix
Schnitt-matrix
Modell-basis
Ergebnis-daten

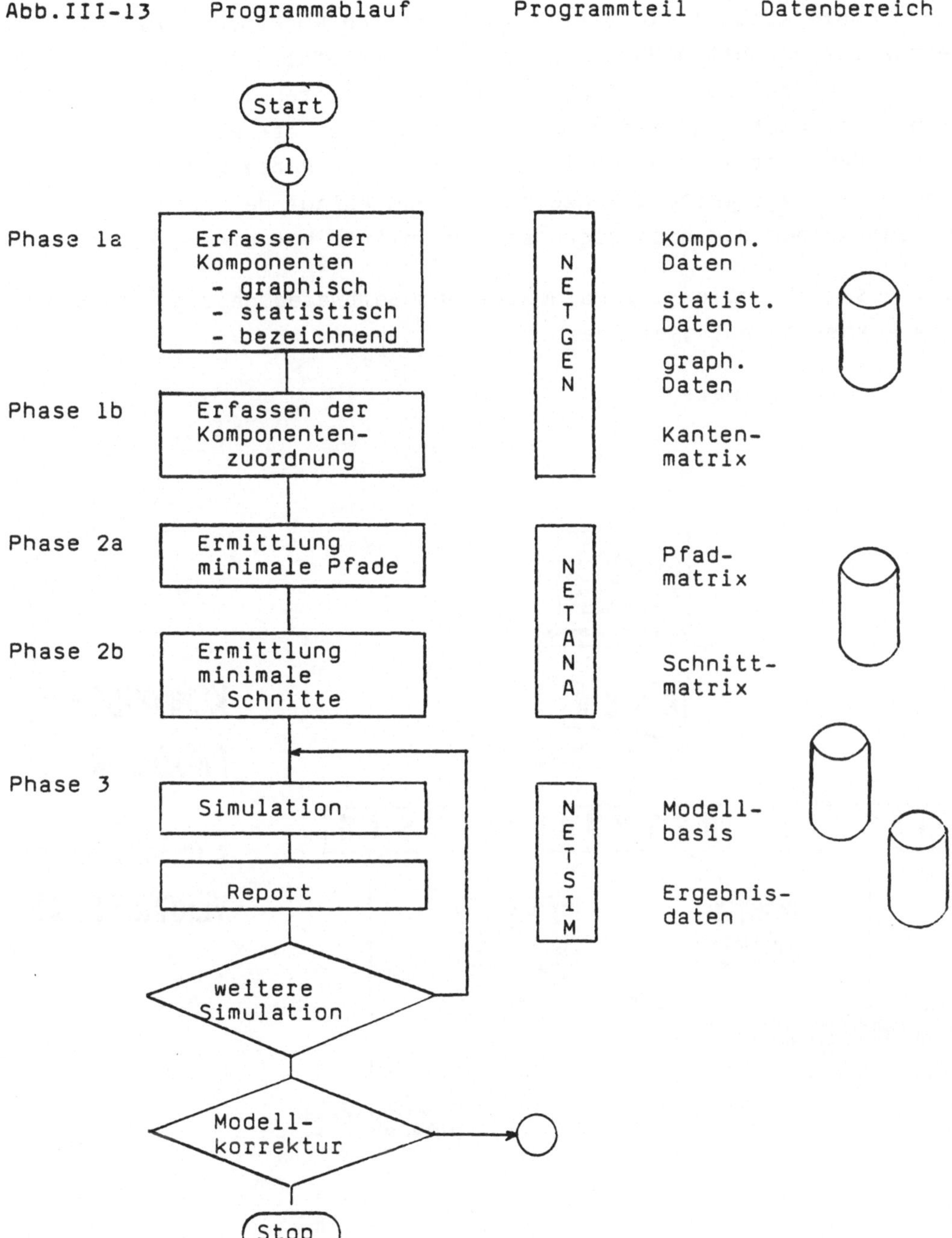

Jede Phase (bzw. Teilphase) ermöglicht den Rücksprung zu einer vorgelagerten Phase, so daß im Extremfall während einer laufenden Simulation sowohl Strukturdaten als auch Komponentendaten geändert werden können. Bei strukturverändernden Korrekturen muß in jedem Fall die Phase 2 durchlaufen werden. Weitere Einzelheiten zum Ablauf der einzelnen Phasen können den nachfolgenden Abschnitten entnommen werden.

Der gesamte Komplex der Hardware- und Softwareumgebung ist stark abstrahiert gegliedert:

Abb.III-14 Software

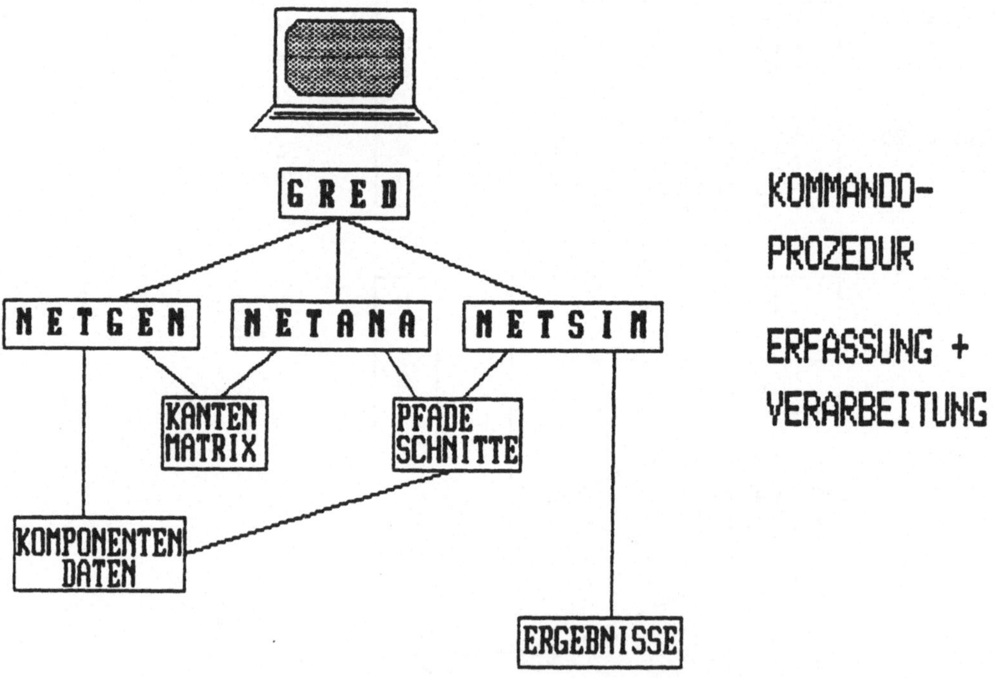

Abb.III-15 Hardware

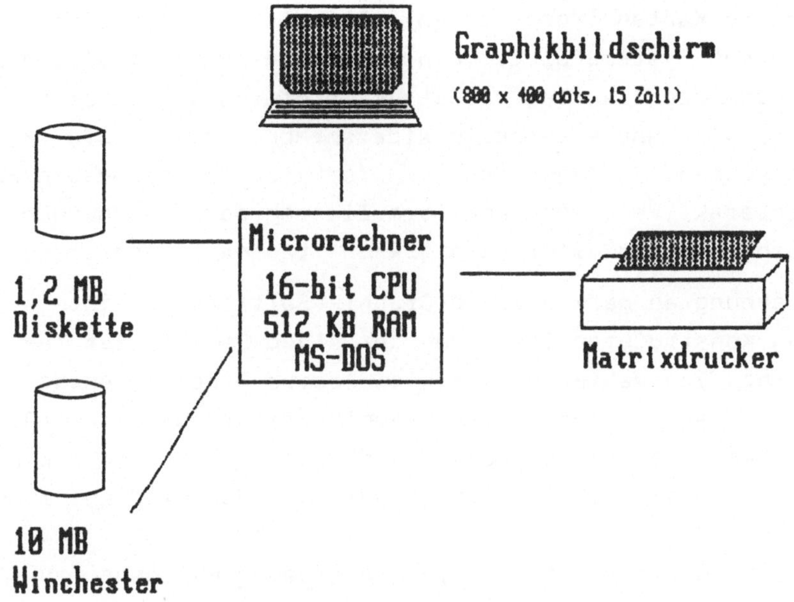

Die eingesetzte Hardware besteht aus einem handelsüblichen Mikrocomputer der 16-bit Klasse (Sirius I) mit Matrixdrucker und Graphikbildschirm. Eine angeschlossene Winchesterplatte mit 10 MB Speicherkapazität und ein Hauptspeicher von 512 KB ermöglichen die Verarbeitung größerer Modelle. Lediglich in den Laufzeiten sind mit ansteigender Modellkomplexität Einschränkungen hinzunehmen.

1.3 Graphik-Editor (GRED)

Im Hinblick auf die theoretischen Vorbemerkungen (insbesondere II 1.4 und II 2.1) liegt der Gedanke nahe, die zu untersuchenden Systemstrukturen in entsprechender Form im Computer graphisch darzustellen, nämlich als Netze mit Knoten und Kanten (Komponenten). Die Visualisierung der abzubildenden Systeme bietet den entscheidenden Vorteil, daß schon beim Modellaufbau die Strukturinformation (Abbildung) sichtbar wird und eventuelle Widersprüche sofort aufgezeigt werden können. Entgegen den rein formalen Dateneingaben kann eine interaktive graphische Formulierung der Zusammenhänge von vornherein zu einer verstärkten Transparenz beitragen.

In Anlehnung an marktübliche Graphik-Software zum interaktiven Konstruieren (CAD Computer Aided Design) ist für den Aufbau von Netzen ein vergleichbares Programm entstanden. Der im weiteren vorgestellte Graphik-Editor (GRED) umfaßt alle notwendigen Funktionen, die für den Aufbau und die Korrektur von graphischen Informationen auf dem Bildschirm unerläßlich sind.
Graphisch zu verarbeitende Objekte (Elemente) können zu logischen Einheiten zusammengefaßt werden, die Makros genannt werden. Jedes einmal definierte Makro läßt sich logisch getrennt speichern, wiederaufrufen und innerhalb eines Bildes beliebig positionieren. Neben diesen graphischen Objekten, die logisch als Einheiten ansprechbar sind, kann ein Bildinhalt außerdem noch frei definierbare geometrische Symbole (Linien, Kreise, Bögen), Schraffuren und Texte enthalten. Jedes Bild besteht somit aus verschiedenen graphischen Grundtypen, die getrennt voneinander in ihrer vektoriellen Darstellung über Listen verwaltet werden.
In Abb. ist beispielhaft eine Bildverwaltung über verkettete Listen (Pointertechnik) aufgebaut.

Abb.III-16

BILD B1

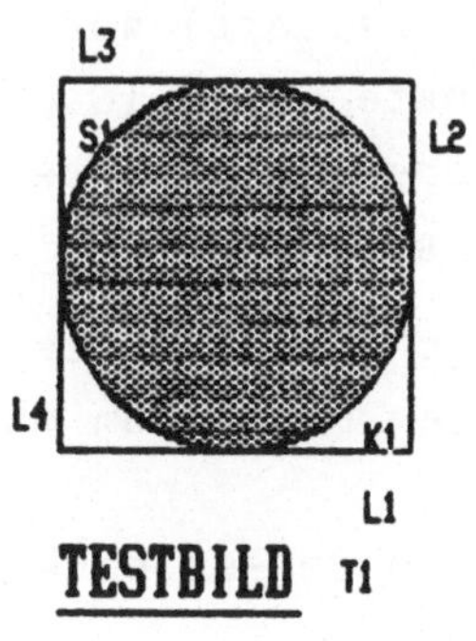

M Makro
L Linie
K Kreis
S Schraffur
T Text

Liste 1 Bilder		
BildNr	ListeNr	EintragNr
B1	7	T1
B1	3	L5
B1	2	M1

Liste 2 Makros		
MakroNr	ListeNr	EintragNr
M1	3	L1
M1	3	L2
M1	3	L3
M1	3	L4
M1	4	K1
M1	6	S1

Liste 3 Linien				
LinieNr	X0	Y0	X1	Y1
L1	10	10	20	10
L2	20	10	20	20
L3	20	20	10	20
L4	10	20	10	10
L5	10	4	24	4

Liste 4 Kreise			
KreisNr	X0	Y0	Radius
K1	15	15	5

Liste 5 Bögen					
BogenNr	X0	Y0	X1	Y1	R

Liste 6 Schraffuren			
Schr.Nr	X0	Y0	Typ
S1	15	15	5

Liste 7 Texte				
TextNr	X0	Y0	Typ	Text
T1	10	5	1	TESTBILD

Die Eingabe bzw. Erzeugung der Bilder geschieht durch Positionierung des Cursors (Positionsanzeigers) auf den entsprechenden Bildpunkt (X-,Y-Koordinate auf Bildschirm) und die Auswahl einer Grundoperation über gesonderte Funktionstasten. Als Grundoperationen stehen zur Verfügung:

- Fixieren des momentan angesprochenen Punktes
- Setzen einer Linie vom fixierten Punkt zum momentan angesprochenen Punkt
- Ziehen eines Kreises um momentan angesprochenen Punkt mit angegebenem Radius
- Ziehen eines Bogens zwischen fixiertem Punkt und momentan angesprochenem Punkt mit angegebenem Radius
- Schraffieren der Fläche (begrenzt durch geschlossenen Polygonzug), in der der momentan angesprochene Punkt liegt (Schraffurstärke 1-8)
- Setzen eines Textes ab momentan angesprochenem Punkt (mehrere Texttypen verfügbar:Script,Proportional,etc.)

Die Grundoperationen können in zwei Modi durchgeführt werden:

- Im Status Bilddefinition werden alle Operationen und hierdurch initiierten Listeneintragungen auf das Gesamtbild bezogen (Referenzeintrag in Liste 1).
- Im Status Makrodefinition werden alle Operationen und hierdurch initiierten Listeneintragungen auf das angesprochene Makro bezogen (Referenzeintrag in Liste 2).

Jede durch eine der Grundoperationen definierte Listeneintragung (sowie Bildschirmdarstellung) kann korrigiert oder gelöscht werden. Für die Bearbeitung von Bildern haben sich weitere Operationen bewährt:

- Kopieren (copy) graphischer Elemente, Makros,Texte,etc.
- Bewegen (move) graphischer Elemente,Makros,Texte,etc.

Die Kopie etwa einer Linie wird durch das Duplizieren der entsprechenden Listeneintragung erreicht, wobei der Bezugspunkt der neuentstehenden Linie der momentan angesprochene Punkt (Cursorposition) ist. Die Kopieroperation ist parametrisiert, d.h. es können wahlweise, für x-Richtung und y-Richtung getrennt, Faktoren angegeben werden, die eine Stauchung oder Streckung hervorrufen. Durch Angabe eines Drehwinkels wird die Kopie in eine gewünschte Position gebracht. Die Bewegung eines Elementes kann eine Translation und/oder Rotation sein. Hierbei wird durch die Cursorbewegung die Translation des angesprochenen Elementes hervorgerufen. Die Eingabe von Plus oder Minus erzeugt die Drehung des Elementes in mathematisch positiver oder negativer Richtung um jeweils einen voreingestellten Drehwinkel. Um alle Möglichkeiten einer CAD orientierten Arbeitsweise zu haben, benötigt man noch zusätzlich drei Operationen:

- Skalieren (scaling)
- Abschneiden (clipping)
- Vergrößern (zooming)

Das Skalieren wird zum Umrechnen der Koordinaten, die sich auf die vorgegebenen natürlichen Grundmaße beziehen, in Bildschirmkoordinaten benötigt. Verläßt ein geometrisches Objekt durch Bewegung oder Ausschnittsvergrößerung den Bereich des sichtbaren Bildschirmausschnittes, so werden die noch sichtbaren Teile durch den clipping-Algorithmus berechnet und dargestellt.

Gerade im Hinblick auf die angestrebte Simulationstechnik kann der Vergrößerungseffekt, der sonst zum detaillierten Konstruieren benutzt wird, sehr gut zur Visualisierung von Aktivitäten in Teilsystemen eingesetzt werden. Die Auswahl des zu vergrößernden Bildausschnittes geschieht durch das Positionieren eines rechtwinkligen beweglichen Fensters.

Die bisher beschriebenen Techniken zum Bildaufbau und zur Bildkorrektur (Editieren) sollten einen hinreichenden Einblick in die Funktionsweise des Graphik-Editors (GRED) geben. Weitere ins Detail gehende Operationscharakteristiken,

die mehr dem Komfort des Bedieners als der logischen Verarbeitung dienen, können in diesem Umfang nicht mehr geschildert werden.
Die Ansteuerung der graphischen Operationen muß zur Aufrechterhaltung des Dialogbetriebes durch Cursorpositionierung und Funktionsauswahl geschehen. Zur Ermöglichung eines batchorientierten Ablaufes kann diese Steuerung aber auch an eine Kommandozeile gegeben werden, die durch andere Programme erzeugt und an GRED übergeben wird. D.h. die Dialogführung Benutzer↔GRED kann zu einem Dialog Steuerprogramm (Simulator)↔GRED abgewandelt werden.
Dem Graphik-Editor fallen damit zwei zentrale Aufgabenbereiche zu, zum einen die Unterstützung für den Benutzer beim interaktiven Modellaufbau und zum anderen die Aufbereitung und Darstellung der simulierten Prozeßdaten.

1.4 Komponenten und Makros

In Abschnitt 1.3 wurden Makros als logische Einheiten innerhalb eines Bildes eingeführt, die verschiedene geometrische Grundelemente enthalten können. Demgegenüber enthalten die zu untersuchenden störanfälligen Systeme auch logische Einheiten, die Komponenten genannt werden. Es liegt daher nahe, die Komponenten nicht nur als Kanten von Netzen aufzufassen, sondern ihnen auch ein graphisches Symbol in Form eines Makros zuzuordnen.

Abb.III-17

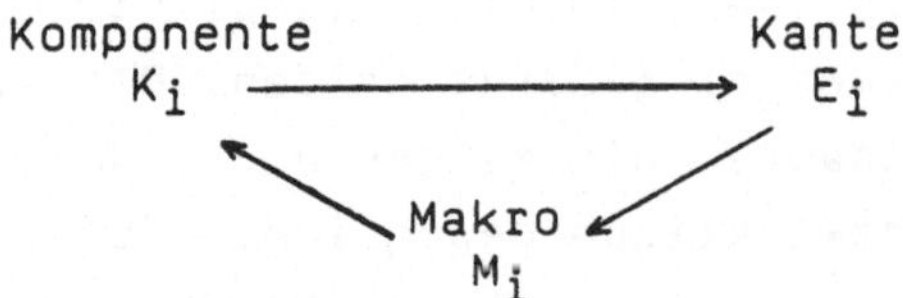

Diese gedankliche Identifizierung $K_i \equiv E_i \equiv M_i$ führt zu einer sehr problemnahen Modellierung, denn ein Bild kann dadurch sowohl strukturelle Information (Netz) wie auch praxisgerechte Darstellungen der verschiedenen Komponenten enthalten.

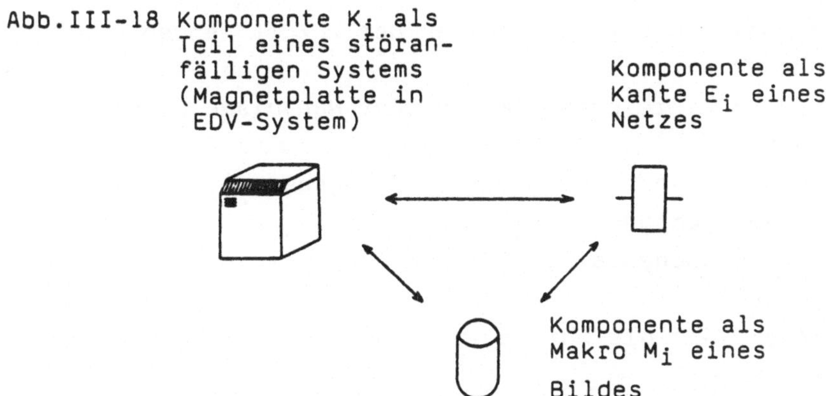

Abb.III-18 Komponente K_i als Teil eines störanfälligen Systems (Magnetplatte in EDV-System)

Durch die Festlegung verschiedener problembezogener Symbole wird nicht nur dem Analytiker , der das mathematische Modell entwirft und EDV-technisch realisiert, eine bessere Übersicht ermöglicht, sondern gerade der Entscheidungsträger kann sich sehr schnell in die abgebildete Systemstruktur hineindenken.

1.5 Netz-Generator (NETGEN)

Neben dem Effekt der visuellen Abbildung von Systemteilen in beliebiger Detailtreue tritt für den Graphik-Editor die Funktion der Netzerzeugung (Aufbau der Inzidenzabbildung). Der als Netz-Generator (NETGEN) bezeichnete Algorithmus umfaßt den interaktiven Aufbau von:

- Netzstruktur (Kantenmatrix) und
- Komponenten mit
  - graphischen Daten (Makros),
  - statistischen Daten (Lebensdauerverteilung, Reparaturzeitverteilung)
  - Stammdaten (Kosten,Gewicht,etc.).

Üblicherweise werden die Verarbeitungsschritte zum Netzaufbau in nachstehender Form ablaufen:

1) Cursorposition auf Koordinaten der anzuordnenden Komponente K_i
2) Komponente K_i zeichnen (Kopie oder Neuanlage eines Makros M_i)
3) Zuordnung zu anderen Komponenten angeben (K_i Nachfolger von Komponente K_j)
4) Daten zu Komponente K_i eingeben (Verteilungen, Stammdaten)
5) Schritte 1)-4) bis zur letzten Komponente wiederholen

Als Ergebnis steht nach erfolgter Eingabe folgendes Datenmodell zur Verfügung:

- logische Daten (Strukturdaten)	Kantenmatrix
- beschreibende Daten (Komponentendaten)	Lebensdauerverteilung, Reparaturzeitverteilung, Makronummer, Maße, Kosten, Bezeichnung,..
- graphische Daten (Bilddaten)	vektoriell aufbereitete graphische Information in Listen.

Das bisher nur grob geschilderte Vorgehen muß weiter präzisiert werden. Von der Programmstruktur her besteht NETGEN aus zwei Phasen (Phase 1a: Komponenten erfassen, Phase 1b: Netzstruktur erfassen). Beide Phasen werden durch Operationen des Graphik-Editors unterstützt, wobei für Phase 1a noch zwei weitere Funktionsblöcke herangezogen werden.

Abb.III-19

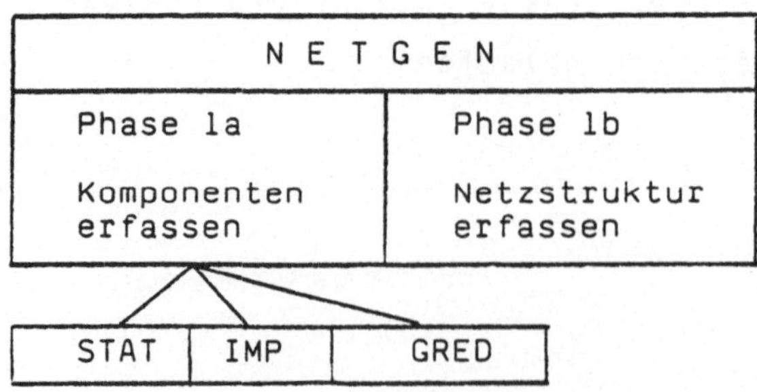

Diese zusätzlichen Blöcke beziehen sich auf die Verwaltung der statistischen Komponentendaten (STAT) und die Verwaltung der Stammdaten (IMP)

- STAT ist ein Dialogprogramm zur Verwaltung der Lebensdauerverteilung, Reparaturzeitverteilung und Abhängigkeiten.
- IMP ist ein Interaktiver Masken- und Programmgenerator zum Aufbau und zur Verwaltung der Komponentenstammdaten.

Die folgenden Ausführungen gehen auf den Einsatz von GRED,STAT und IMP innerhalb des Netzgenerators ein.

1.5.1 GRED - Einsatz

Der Graphik-Editor übernimmt für den Netzgenerator die Ausführung der nachstehenden Aufgaben:

- Zeichnen der Komponenten (Makros)
- Beschriftung, Layout
- Zuordnen der Komponenten (Kantenmatrix)

Durch GRED werden neu gezeichnete oder aus einer Bibliothek gelesene Makros (vgl. 1.3) den Komponenten zugeordnet. Diese Zuordnung besteht lediglich aus einem Verweiseintrag (im Komponentenstammsatz) auf die Makronummer (Makro-Liste) und ist jederzeit wieder zu korrigieren.
Nicht an logische Daten gekoppelte Graphikeintragungen können nicht verarbeitet werden und werden daher nur zur Bildschirmaufbereitung (Layout) und Beschriftung benutzt.
Eine zentrale Aufgabe des Netzgenerators ist aber die Erfassung und Festlegung der Netzstruktur in Form der Kantenmatrix. Zu diesem Zweck muß die Zuordnung der Komponenten (Vorgänger, Nachfolger) jeweils beim Einzeichnen einer neuen Komponente vorgenommen werden.
Da zweckmäßigerweise bei der Quelle eines Netzes begonnen wird, braucht bei jeder gesetzten Komponente

nur vermerkt werden, welche Vorgänger (gegebenfalls keiner oder mehrere Vorgänger) vorliegt. Nach der Positionierung und Zeichnung einer Komponente K_j wird beispielsweise die schon vorhandene Komponente K_i benannt, wodurch ein Eintrag in der Kantenmatrix ($a_{ij}=1$) vorgenommen wird.

1.5.2 Statistische Datenverwaltung

Jede Komponente wird statistisch durch zwei Verteilungen (Lebensdauer- und Reparaturzeitverteilung) beschrieben. Für Komponentenausfälle, die vom Zustand anderer Komponenten abhängen, müßte eine entsprechende Anzahl von bedingten Ausfallverteilungen bereitgestellt werden. Da alleine wegen der statistischen Datenbeschaffung der Aufbau solcher Verteilungsfamilien keine Relevanz für praktische Anwendungen hat, wird der in II 2.1.6 beschriebene einfachere Weg zur Bestimmung der Ausfallabhängigkeiten beschritten. Somit werden im Programmteil STAT für jede Komponente

- Verteilungstyp und Verteilungsparameter der Lebensdauerverteilung (im Sonderfall empirische Vert.)
- Verteilungstyp und Verteilungsparameter der Reparaturzeitverteilung (im Sonderfall empirische Verteilung)
- Abhängigkeitsprofile

gespeichert. Die Verteilungen werden im Dialog erfaßt und graphisch aufbereitet wiedergegeben.

Abb.III-20 Erfassung und Darstellung der Lebensdauer- und Reparaturzeitverteilung einer Komponente

KOMPONENTE 2 Statistik

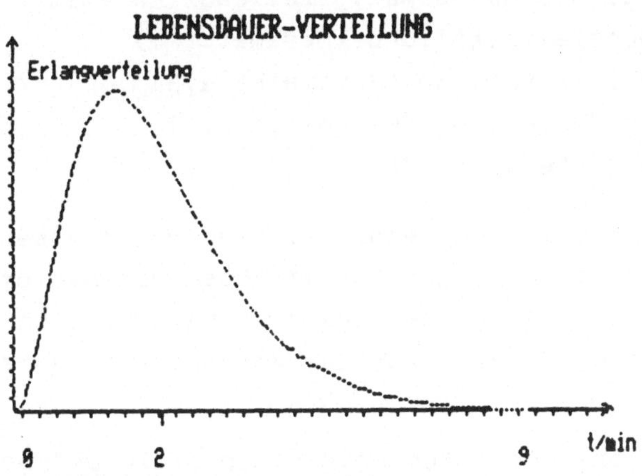

Erlangverteilung
Geben Sie die Verteilungsparameter an :

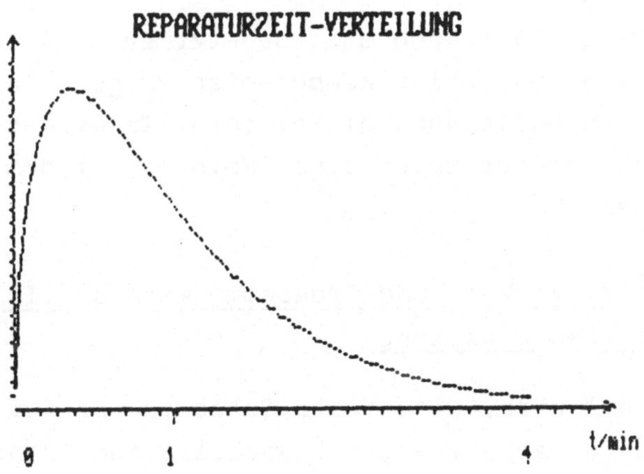

Im Dialog kann für beide Zeitverteilungen jeder Komponente ein Verteilungstyp mit entsprechenden Parametern festgelegt werden:

- Gleichverteilung (Parameter a,b)
- Normalverteilung (Parameter μ,σ^2)
- Logarithmische Normalverteilung (Parameter M,a,ε)
- Exponentialverteilung (Parameter α)
- Weibull-Verteilung (Parameter α,β)
- Erlang-Verteilung (Parameter α,k)
- Gamma-Verteilung (Parameter α,β).

Für empirische Verteilungen werden Klassen und Klassenhäufigkeiten eingelesen. Wegen des erhöhten Datenvolumens wird diese Verteilung in einem separaten Datenbereich abgelegt und von einem Pointer aus dem Komponentenstammsatz angesteuert.

Die eventuell auftretenden Abhängigkeitsprofile $\underline{DM}^i$ werden durch Angabe der ausfallverursachenden Zustandskombinationen (Boolescher Zustandsvektor für die Komponenten $K_{d_1^i},\ldots,K_{d_m^i}$) kreiert
Im einfachsten Fall wird der Ausfall einer Komponente K_i durch den Zustand einer anderen Komponente K_j gesteuert (K_i defekt, falls K_j defekt oder: K_i defekt, falls K_j intakt).

Diese direkte Abhängigkeit kann dazu benutzt werden, identisches Ausfallverhalten zweier Komponenten zu generieren ($z_i(t)=z_j(t)$) [1]. Auch die Abhängigkeitsprofile werden getrennt gespeichert und nur durch einen Pointer mit dem Stammsatz verbunden.

1.5.3 Interaktiver Masken- und Programmgenerator (IMP) zur Stammdatenverwaltung

Da es wenig sinnvoll wäre, eine feste Satzstruktur für die Komponentenstammdaten anzulegen, ist speziell zum Aufbau

[1] vgl. 2.1.4 .

von indexsequentiellen Dateien ein Generator entstanden, der Erfassungsmasken, flexible Satzstrukturen und Verwaltungsprogramme erstellt. Je nach Problemstellung kann durch dieses Dienstprogramm die spezifische Definition der Satzfelder vorgenommen werden. Zur Generierung des anwendungsbezogenen Verwaltungsprogramms sind drei Schritte nötig:

Abb.III-21 Phasen zur interaktiven Erstellung eines Stammdatenverwaltungsprogramms

I M P		Dateien
IMP1	Definition der Bildschirmmaske und der Satzstruktur	*.MAS[1)] *.INP
IMP2	Generieren der indexsequentiellen Datei (alphanum. Primärschlüssel) und der Schlüsselverwaltung	*.DAT *.KEY *.MAP
IMP3	ablauffähiges Stammdatenverwaltungsprogramm	*.EXE

Auf die nähere Beschreibung des Programmes IMP muß verzichtet werden, da es nur als unterstützendes Werkzeug anzusehen ist und in keinem unmittelbaren Zusammenhang zu den zu untersuchenden störanfälligen Systemen steht. Lediglich die angeführten Beispiele sollen die Flexibilität in der Datenverwaltung durch diese Softwaretools[2)] veranschaulichen.

---

1) * steht für einen einzusetzenden Problemnamen (Modellname)

2) Dienstprogramme zur Unterstützung des Programmierers.

Abb.III-22

Beispiel: IMP-erzeugte Verwaltung von Komponentenstammdaten (Hardcopy der Erfassungsmaske)

IMP Stammdatenverwaltung Komponenten

Komponenten-Nr. :#### Modell:##########
Komp.Bezeichnung:###############################

Maße :###########
Preis :######.##

Text :###############################
###############################

Graphik

Makro-Nr.:###

V E R T E I L U N G E N

Lebensdauerverteilung Typ	Par1	Par2	Par3	Reparaturzeitverteilung Typ	Par1	Par2	Par3	L-emp	R-emp	Ab-Prof

Datenerfassung für empirische Verteilungen

Komponente-Nr. Anzahl Klassen:... L/R-Verteilung:.

Klasse Nr.	Unter-grenze	%

Klasse Nr.	Unter-grenze	%

Klasse Nr.	Unter-grenze	%

Zum Abschluß der Phase 1 (NETGEN) stehen alle logischen und beschreibenden Daten (bis auf Pfade und Schnitte) des aufgebauten Netzwerkes in der Modellbasis. Durch die Verkettung der einzelnen Datenbestände ist ein problemloser Übergang von logischen Operationen zu darstellenden Verfahren gewährleistet. Die Verbindung der verschiedenen Datenebenen kann in Abb.III-23 nachvollzogen werden.

Abb.III-23 verkettete Modellbasis

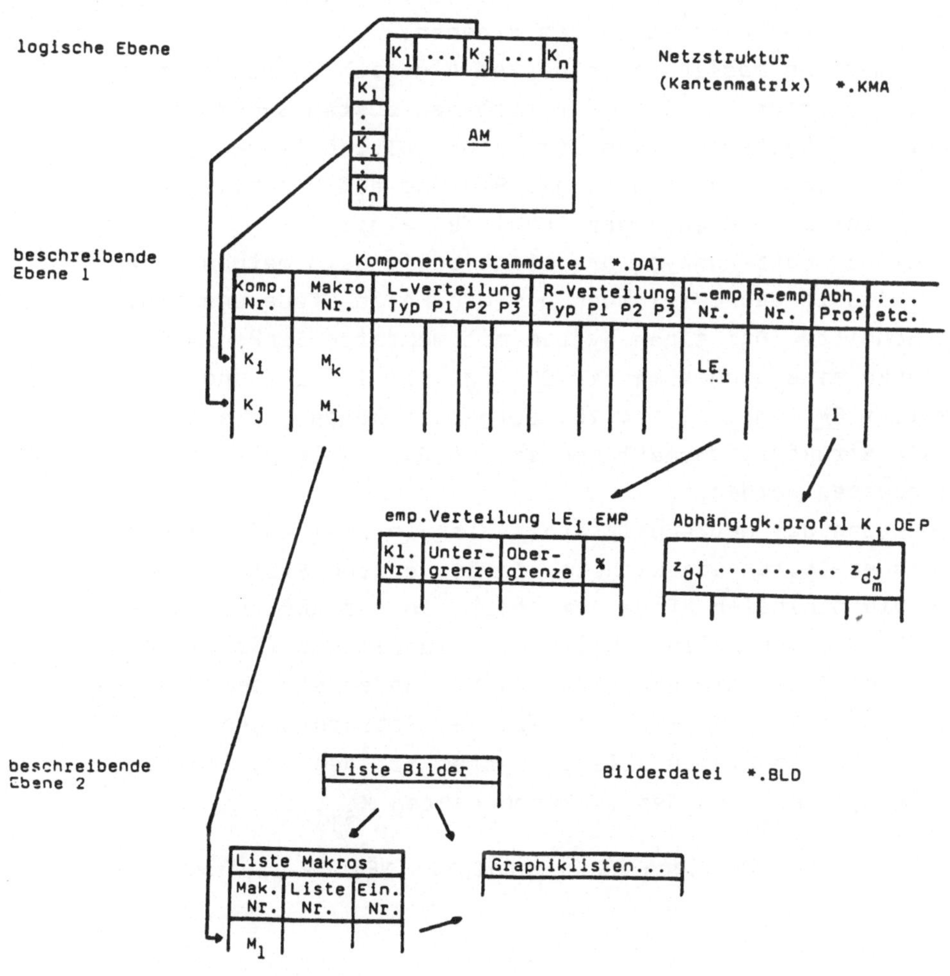

1.6 Netz-Analysator (NETANA)

Im Anschluß an die in 1.5 beschriebene Phase des interaktiven Modellaufbaus wird ein Algorithmus aktiviert, der aus den vorhandenen Strukturdaten in Form der Kantenmatrix Informationen erarbeitet, die zum Ablauf der Simulation dienen. Da bei komplexen Systemstrukturen nicht von einer analytischen Form der Systemfunktion ausgegangen werden kann, die den formalen Zusammenhang zwischen Komponentenausfall und Systemzustand beschreibt, muß in jedem einzelnen Fall einer Komponentenzustandsänderung geprüft werden, welche Konsequenzen sich für das gesamte System ergeben.
D.h. es muß ein möglichst schneller Algorithmus gefunden werden, der aufgrund eines vorgegebenen Zustandsvektors $\underline{z}$ den Wert der Systemfunktion $s(\underline{z})$ ermittelt. Eine geeignete schnelle Vorgehensweise wird die Prüfung auf Durchlässigkeit mittels minimaler Pfade oder Schnitte sein.
Das Ziel des Netz-Analysators liegt bei diesem methodischen Ansatz also in der Bestimmung der minimalen Pfade und minimalen Schnitte. Bei einem System mit mehreren Senken muß für jede Senke eine Schnittmatrix $\underline{CM}$ (vgl. II 1.4.19) und eine Pfadmatrix $\underline{PM}$ (vgl. II 1.4.18) aufgebaut werden, die als zentrale Strukturinformationen an das Simulationsprogramm weitergegeben werden.
Die Funktion des Netz-Analysators wird in zwei aufeinander aufbauenden Stufen abgewickelt. In der ersten Stufe (PFAD) werden die minimalen Pfade ermittelt, in der zweiten Stufe (SCHNITT) die minimalen Schnitte. Voraussetzung für den Ablauf beider Programmphasen ist das Vorhandensein der Modellbasis (Kantenmatrix). Für die weiteren Betrachtungen sei $S=(K_1,..,K_n)$ ein störanfälliges System mit den Quellkomponenten $K_{q_1},..,K_{q_m}$ und den Senkkomponenten $K_{s_1},..,K_{s_k}$.

Die Kantenmatrix $\underline{AM}$ liege nach erfolgtem NETGEN-Lauf vor.

Aus der Kantenmatrix $\underline{AM}$ entwickelt der PFAD-Algorithmus die Pfadmatrizen $\underline{PM}^{s1},..,\underline{PM}^{sk}$, die wiederum vom SCHNITT-Algorithmus zur Herleitung der Schnittmatrizen $\underline{CM}^{s1},..,\underline{CM}^{sk}$ eingesetzt werden.

Abb.III-24 Organisation NETANA

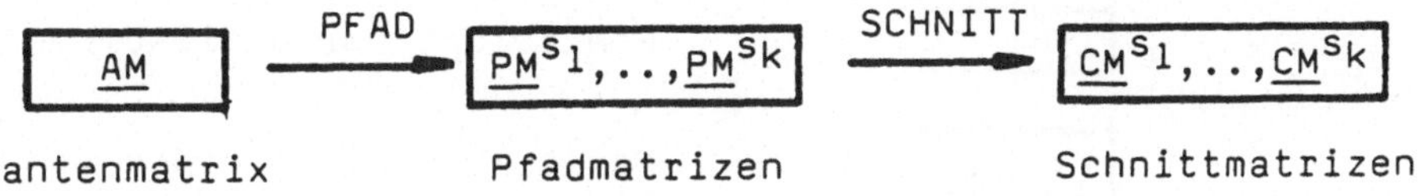

$\underline{AM}$	—PFAD→	$\underline{PM}^{s1},..,\underline{PM}^{sk}$	—SCHNITT→	$\underline{CM}^{s1},..,\underline{CM}^{sk}$
Kantenmatrix		Pfadmatrizen		Schnittmatrizen

1.6.1 Pfad-Algorithmus

Nach dem Aufruf des Programmes NETANA wird die Verfügbarkeit der Kantenmatrix geprüft und das Programm PFAD gestartet. Die logische Abfolge der Verarbeitungsschritte ist dann wie folgt:

Abb.III-25 PFAD-Algorithmus

Vorgabe:	Kantenmatrix $\underline{AM}$
1.Schritt:	Ermittle alle Quellkomponenten [1)] $K_{q_1},..,K_{q_m}$.
2.Schritt:	Suche für alle Quellkomponenten $K_{q_1},..,K_{q_m}$ die Pfade zu den Senkkomponenten $PF_1^{q_1 s_1},..,PF_{n_1}^{q_1 s_1},...,PF_1^{q_m s_k},..,PF_{n_m}^{q_m s_k}$.
3.Schritt:	Erstelle durch Umsortieren der ermittelten Pfade die Pfadmatrizen für alle Senkkomponenten $\underline{PM}^{s1},..,\underline{PM}^{sk}$.

---

1) Die Begriffe Quellkomponenten und Senkkomponenten werden synonym zu Quellkante und Senkkante benutzt.

Die genaue Funktionsweise des PFAD-Algorithmus kann den Ablaufdiagrammen der Abb.   entnommen werden.

Abb.III-26   Ablaufdiagramm des PFAD-Algorithmus

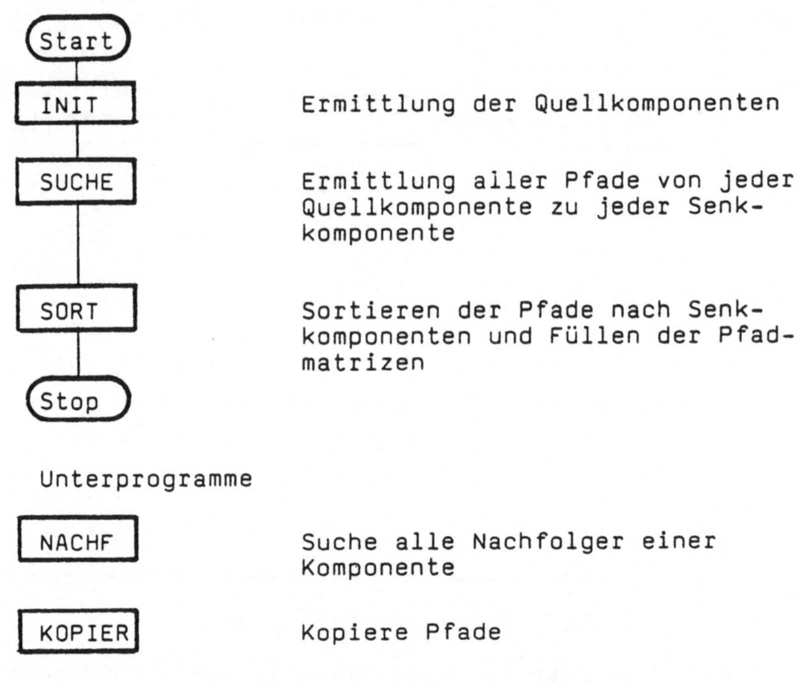

Vereinbarung: KQ(1),..,KQ(M)   Quellkomponente 1,..,M
PF(KQ(I),J,K)   K-tes Element in Pfad J
PA(1),..,PA(NP)   Pfadabschlusskenner Ø,1
AM(NK,NK)   Kantenmatrix der NK-Komponenten

Unterprogramme   NACHF(J,L,I2)   Suche alle I2 Nachf. von J
KOPIER(S,I,J)   Kopiere PF(S,I,.) - PF(S,J,.)

Unterprogramm INIT

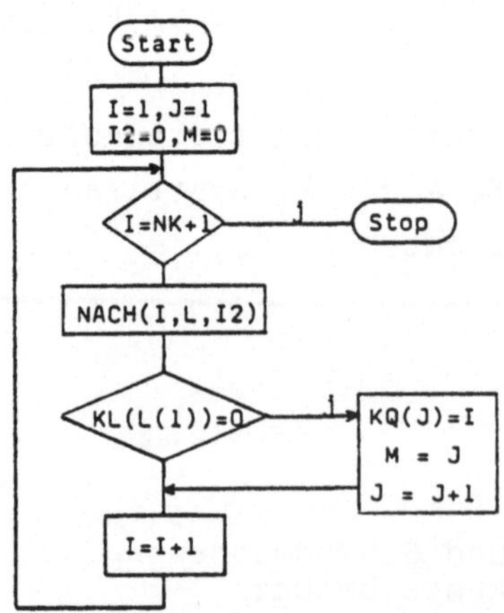

Abb.III-27 Ablaufdiagramm SUCHE

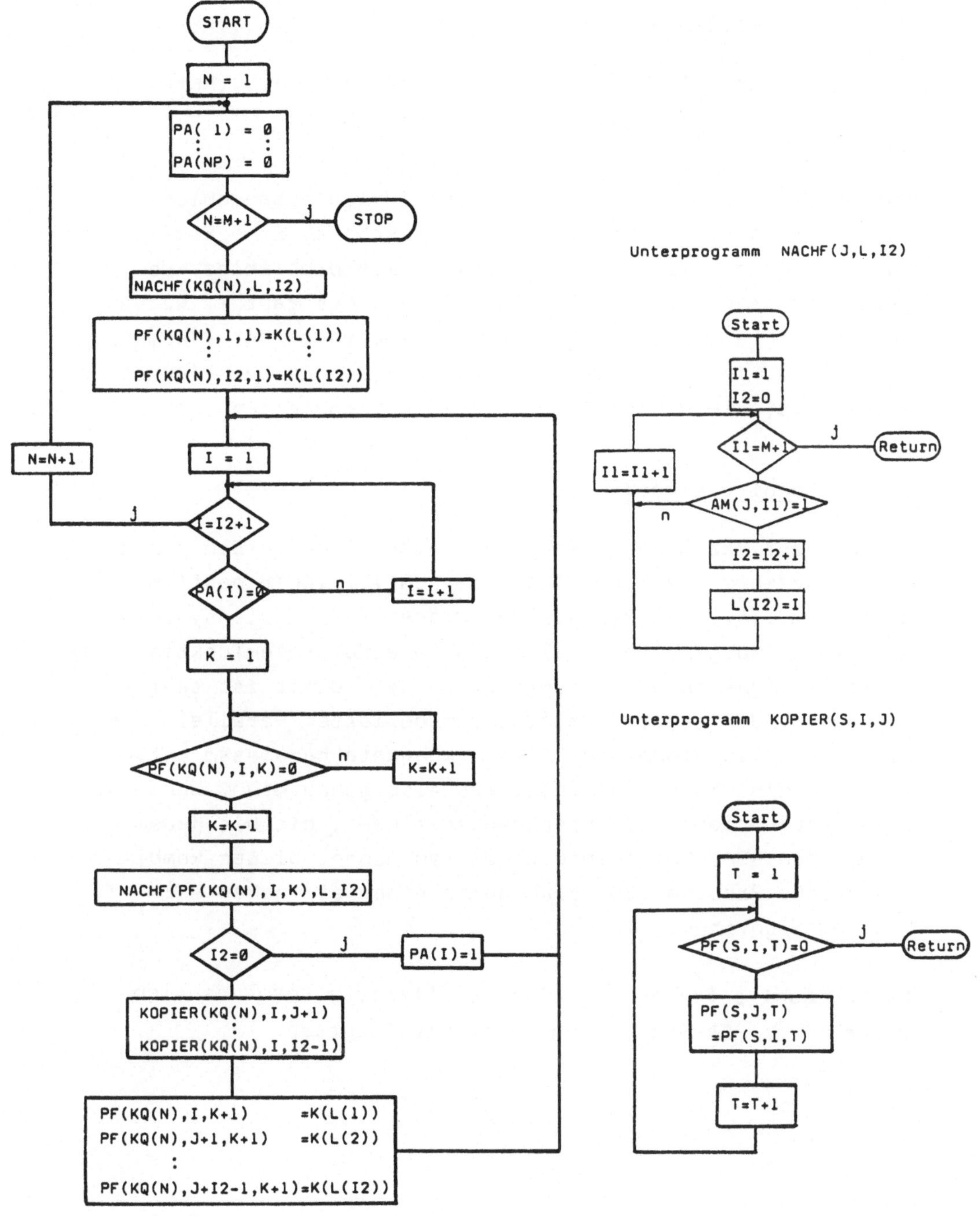

Die Prozedur SØRT ist nicht weiter ausgeführt, da sie keine anderen Operationen vornimmt als

- Bestimmen der Senkkomponenten KS(1),..,KS(K)
- Umsortieren der Pfade PF(KQ(1),.,.),..,PF(KQ(M),.,.) zu PM(KS(1),.,.),..,PM(KS(K),.,.) .

Da nach Voraussetzung Schleifen und Zyklen ausgeschlossen sind, hat jeder Pfad die Minimaleigenschaft. Eine Erweiterung des Algorithmus für Netze mit Zyklen ist problemlos, da lediglich nach Abschluß des Pfadalgorithmus geprüft werden muß, ob echte Inklusionsbeziehungen innerhalb der Pfadmatrix existieren. In diesem Fall wird die Zeile aus der Pfadmatrix eliminiert, die die größere Anzahl an Komponenten enthält.

1.6.2 Schnitt-Algorithmus

Aus den zur Verfügung stehenden Pfadmatrizen werden für jede Senkkomponente die Schnittmatrizen $\underline{CM}^{s_1},..,\underline{CM}^{s_k}$ bestimmt. Nach II 2.1.5.1 hat das aus den Pfaden (als Seriensysteme aufgefaßt) aufgebaute Parallelsystem eine Systemfunktion, die gleich der gesuchten Systemfunktion ist. Damit ist sehr anschaulich, daß jeder Schnitt des reduzierten Parallelsystems mit jedem Pfad mindestens eine Komponente gemeinsam hat. Die minimalen Schnitte erhält man also genau dann, wenn man alle Kombinationen von Komponenten findet, die mit jedem Pfad genau eine Komponente gemeinsam haben. Dieses kombinatorische Problem läßt sich durch einen einfachen Markierungsalgorithmus lösen.

Das Auswahlverfahren ist eine modifizierte Form des Algorithmus von PEARSON [1)] und läuft wie folgt ab:

[1)] PEARSON [1977,S.33 ff.].

Abb.III-28 SCHNITT - Algorithmus

Vorgabe:	Pfadmatrizen $\underline{PM}^{s_1}, .., \underline{PM}^{s_k}$
1.Schritt	Fixiere erste nicht markierte Senkkante.
2.Schritt	Bilde für jede Komponente eine Komponentenpfadliste, die angibt, in welchen Pfaden die Komponente vorkommt.
3.Schritt	Fixiere ersten nicht markierten Pfad.
4.Schritt	Fixiere erste nicht markierte Komponente des fixierten Pfades.
5.Schritt	Bilde alle noch nicht vorliegenden Komponentenkombinationen, durch Auswahl genau einer nicht markierten Komponente aus jedem Pfad. Übernehme die Komponenten einer Kombination in die Schnittmatrix, die keine Vorgänger in derselben Kombination haben (Prüfung Komponentenpfadliste).
6.Schritt	Markiere die fixierte Komponente.
7.Schritt	Markiere den fixierten Pfad, falls die fixierte Komponente letzte Komponente des Pfades war.
8.Schritt	Markiere die fixierte Senkkante, falls der fixierte Pfad letzter Pfad der Pfadmatrix war.
9.Schritt	Wiederhole Schritte 1.-8. solange, bis alle Senkkanten markiert sind.

2. Interaktive Simulation

Auf die methodischen Grundsätze der Simulation braucht an dieser Stelle nicht mehr eingegangen zu werden, da in II 2.3 dieser Punkt in hinreichender Breite ausgearbeitet wurde. Vielmehr sollte der spezifische Bezug auf die vorliegende Problematik hergestellt werden.

Neben einer Vielzahl von Simulationssprachen [1], die dem Charakter nach prozedurgebundenen Metasprachen oder Funktionsbibliotheken für den Batchbetrieb entsprechen, gibt es seit der Entwicklung von leistungsstarken graphikfähigen Microrechnern auch Programmpakete [2], die den Simulationsablauf interaktiv und graphisch gestalten. Typische Systeme mit Bedienengpaß können komfortabel formuliert und interaktiv gesteuert auf dem Bildschirm betrachtet werden.
Für die Behandlung störanfälliger Systeme sind bisher hauptsächlich Programmsysteme für Großrechner entwickelt worden, die zwar hervorragende Laufzeiten aufzuweisen haben, aber den Analytiker in einen sehr formalisierten Rahmen für Modelldesign und Ablaufplanung pressen. Durch die sprunghafte Entwicklung der CAD-Technik liegt der Gedanke nahe, Netzstrukturen graphisch zu erfassen und Simulationsvorgänge auch über diesen Weg zu visualisieren.
Wie die Erfassung von Netzen aufzubauen ist, kann der Funktionsbeschreibung von NETGEN (II 1.5) entnommen werden. Die Bereitstellung der logischen Modelldaten ist Voraussetzung für die Ablaufplanung der angestrebten Simulation.

2.1 Beschreibung des Simulationskerns NETSIM

Für die Simulation störanfälliger Systeme ist das in II 2.3 ausgeführte Verfahren anwendbar, da das dynamische Verhalten eines solchen Systems durch einen stochastischen

---

[1] vgl. GPSS [1963]; DAHL,NYGAARD [1965]; MARKOWITZ,HAUSNER [1963].

[2] z.B. see-why, GUS Gesellschaft für Unternehmensberatung und Software-Entwicklung mbH, Köln .

Prozeß mit endlich vielen Zuständen abbildbar ist. Setzt man die Betrachtung von reparierbaren Ausfällen mit Bedienungsengpaß voraus, so muß bei beliebig vorgegebenen Verteilungen die Behandlung des Problems durch analytische Methoden versagen. Gerade die Interdependenz der verschiedenartigen Systemzustände durch die nicht immer verfügbare Reparaturkapazität kann mittels einer Ereignisliste logisch aufgelöst werden.
Wie in allen klassischen Wartesystemen wird zwischen zwei Ereignistypen unterschieden. Die als Transaktionen aufgefaßten Komponentenausfälle bilden in ihrer zeitlichen Abfolge die steuernde Größe für die Systemzustände. Die zweite zeitbezogene Einflußgröße ist durch das Ende eines jeden Reparaturvorganges gegeben, denn nur zu diesem Zeitpunkt wird eine eventuelle Zustandsverbesserung für das Gesamtsystem erfolgen. Dementsprechend werden die Ereignisse

A Ausfall einer Komponente und

F Reparaturzeitende

zur vollständigen Beschreibung der wechselnden Systemzustände ausreichen. Damit kann an den Aufbau der allgemeingültigen Ablauforganisation von II 2.3.4 angeknüpft werden.

Das Simulationsprogramm NETSIM benötigt aus der Modellbasis die statistischen Daten für den Zufallsgenerator und die strukturellen Daten (Pfadmatrix,Schnittmatrix) zur Prüfung des Systemzustandes. Der Netzsimulator hat damit zwei Grundfunktionen:

- Verwaltung der Ereignisliste
- Prüfung des Systemzustandes.

Außer diesen Grundfunktionen wird von NETSIM neben der Erzeugung von Zufallszahlen die Dokumentation (DOK), statistische Auswertung (REPORT) und graphische Darstellung (GRED) durchgeführt.
Der in Abb.III-29 skizzierte logische Programmfluß ist eine Erweiterung des in II 2.3.4 erläuterten Grundtyps.

Abb. III-29 Interaktive Simulation mit Systemprüfung

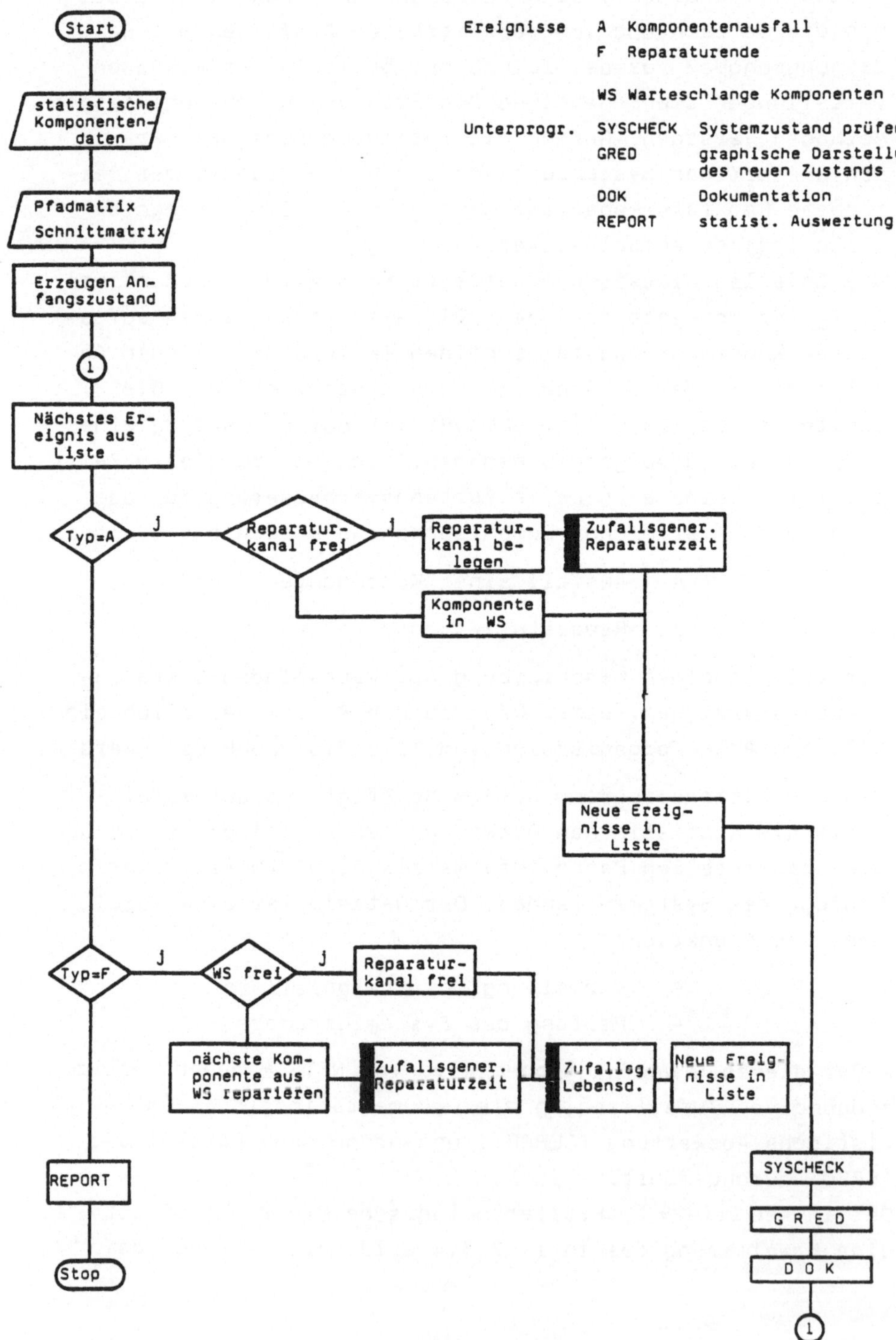

Da auf die Verwaltung der Ereignisliste nicht näher eingegangen werden muß, ergibt sich die Notwendigkeit, die zweite Grundfunktion ausführlicher zu erörtern.
Die Prüfroutine zur Ermittlung des Systemzustandes (<u>SYSCHECK</u>) benutzt wahlweise die Pfadmatrix oder die Schnittmatrix. Für beide Prüfungen muß der momentane Zustand jeder Komponente bekannt sein, d.h. der Zustandsvektor $\underline{z}=(z_1,..,z_n)$ muß nach dem Eintritt eines neuen Ereignisses korrigiert und an die Prüfroutine übergeben werden. Zur Unterscheidung wird die Systemprüfung auf Basis der Pfadmatrix <u>SYSCHECK1</u> und auf Basis der Schnittmatrix <u>SYSCHECK2</u> genannt. Beide Prüfungen werden unter den in 1.6 getroffenen Voraussetzungen ($S=(K_1,..,K_n)$ mit m Quellkomponenten $K_{q_1},..,K_{q_m}$ und k Senkkomponenten $K_{s_1},..,K_{s_k}$) vorgestellt.

2.1.1 Prüfung auf Basis der Pfadmatrix (SYSCHECK1)

SYSCHECK1 prüft für jede Senkkomponente, ob in der zugehörigen Pfadmatrix mindestens ein Pfad existiert, dessen sämtliche Komponenten intakt sind. In diesem Fall wird der Systemfunktionswert der betreffenden Senkkomponente auf Eins gesetzt, andernfalls auf Null.
Bezeichnet man den i-ten Zeilenvektor der Pfadmatrix $\underline{PM}^{s_j}$ mit $\underline{pf}_i^{s_j}$ ($=(pf_{i1}^{s_j},..,pf_{in}^{s_j})$), dann ist die <u>Länge des Pfades</u> durch $|\underline{pf}_i^{s_j}|$ mit

$$|\underline{pf}_i^{s_j}| := \sum_{l=1}^{n} pf_{il}^{s_j} \qquad \text{gegeben.}$$

Man nenne den Vektor $\underline{pf}_i^{s_j}$ <u>Pfadvektor</u> des Pfades $PF_i^{s_j}$. Gibt es n_j Pfade in der Pfadmatrix $\underline{PM}^{s_j}$, dann gilt mit der obigen Festlegung für jedes $j\epsilon\{1,..,k\}$:

$$(2.1.1) \qquad s_j(\underline{z}) = \begin{cases} 1\ , & \text{falls ein } i\epsilon\{1,..,n_j\} \text{existiert mit } |\underline{pf}_i^{s_j}| = \underline{pf}_i^{s_j}\cdot\underline{z} \\ 0\ , & \text{falls } |pf_i^{s_j}| \neq \underline{pf}_i^{s_j}\cdot\underline{z} \text{ für alle } i\epsilon\{1,..,n\}\ . \end{cases}$$ [1)]

---

1) Statt $s_j(\underline{z})$ müßte es exakter $s_{K_{s_j}}(\underline{z}(t))$ heißen. O.E. wird der Zeitparameter bei der Schreibweise nicht berücksichtigt, da (2.1.1) für jeweils feste Zeiten betrachtet wird.

Geschickterweise wird man schon beim Aufbau der Pfadmatrizen die Länge jedes Pfades festhalten, so daß man für die Berechnung der Systemfunktion nur das Produkt Pfadvektor*Zustandsvektor mit der bekannten Länge des Pfades vergleichen muß. Da Pfadvektor und Zustandsvektor Boolesch sind, ist die Multiplikation wegen

$$\underline{pf}_i^{s_j} \cdot \underline{z} = \sum_{l=1}^{n} pf_{il}^{s_j} z_l$$

eine reine Binäroperation und dementsprechend schnell auszuführen. Außerdem wird diese Operation innerhalb einer Pfadmatrix nur so oft durchgeführt, bis der erste Pfadvektor gefunden wird, für den die Bedingung ($|\underline{pf}_i^{s_j}| = \underline{pf}_i^{s_j} \underline{z}$) erfüllt ist.

Der logische Ablauf der Prüfroutine SYSCHECK1 kann der Abb.III-30 entnommen werden.

Abb.III-30 Ablaufdiagramm SYSCHECK1

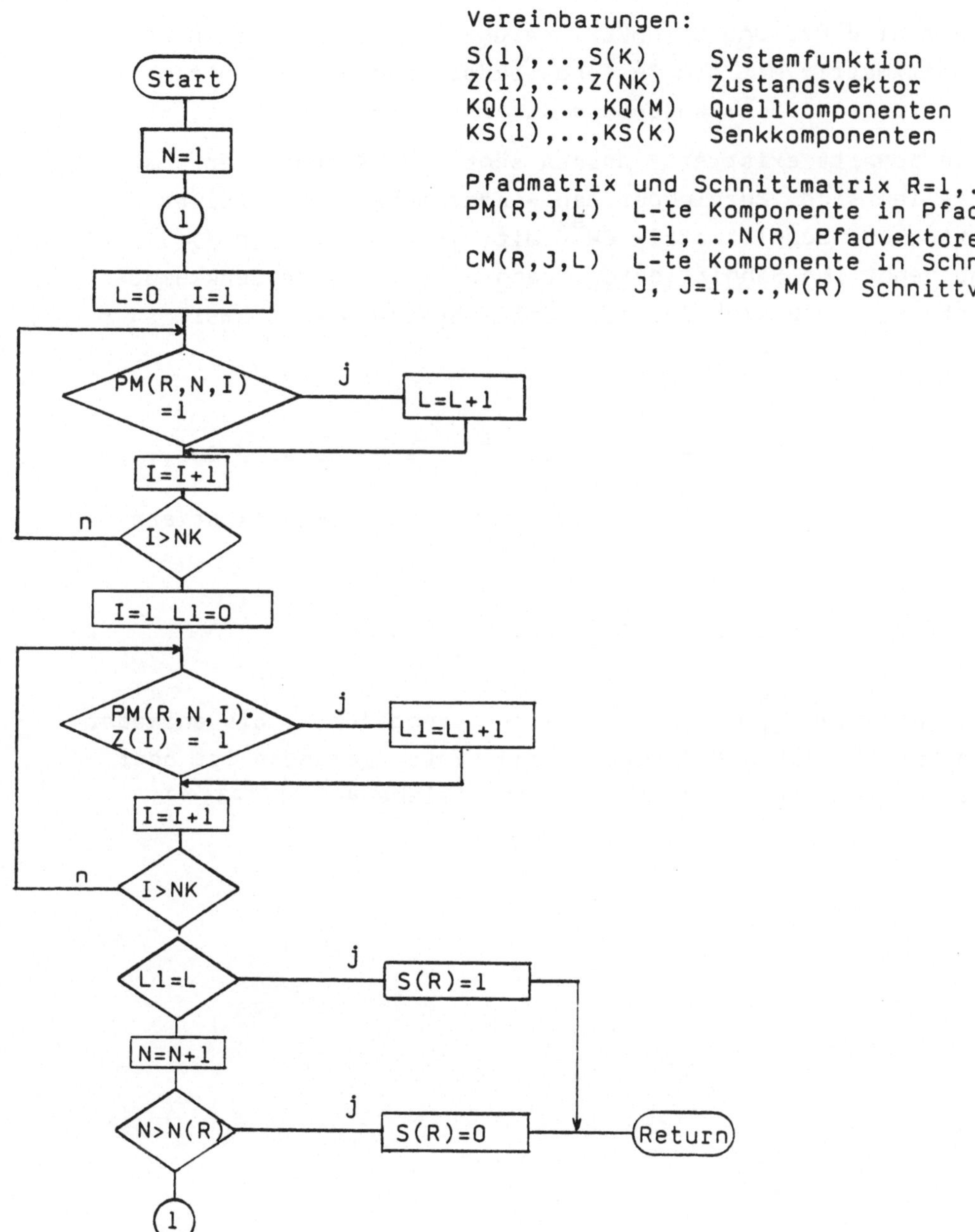

2.1.2 Prüfung auf Basis der Schnittmatrix (SYSCHECK2)

Die zweite Prüfung SYSCHECK2 beruht auf dem Vergleich der Schnittmatrix mit dem Zustandsvektor. Der Systemfunktionswert zu einer Senkkomponente K_{s_j} ist genau dann Eins, wenn kein Schnitt existiert, dessen sämtliche Komponenten ausgefallen sind. Bezeichnet man wiederum den i-ten Zeilenvektor der Schnittmatrix $\underline{CM}^{s_j}$ mit $\underline{c}_i^{s_j}$ ($=(c_{i1}^{s_j},..,c_{in}^{s_j})$) und nennt ihn Schnittvektor, dann gilt für jede Senkkomponente K_{s_j}, daß sich der zugehörige Systemfunktionswert s_j wie folgt bestimmen läßt:

$$(2.1.2) \qquad s_j(\underline{z}) = \begin{cases} 1 \text{ , falls } \underline{c}_i^{s_j} \cdot \underline{z} \neq 0 \text{ für alle } i=1,..,m_j \\ 0 \text{ , falls ein } i \in \{1,..,m_j\} \text{ existiert mit } \\ \quad \underline{c}_i^{s_j} \cdot \underline{z} = 0 \text{ ,} \end{cases}$$

wobei m_j die Anzahl der Schnitte in $\underline{CM}^{s_j}$ ist.

Die Operation $\underline{c}_i^{s_j} \cdot \underline{z}$ wird solange durchgeführt, bis entweder ein Schnitt mit nur defekten Komponenten gefunden ist oder die Schnittmatrix abgearbeitet ist (siehe Abb. III-31).

Abb.III-31 Ablaufdiagramm SYSCHECK2

Vereinbarungen wie bei SYSCHECK1

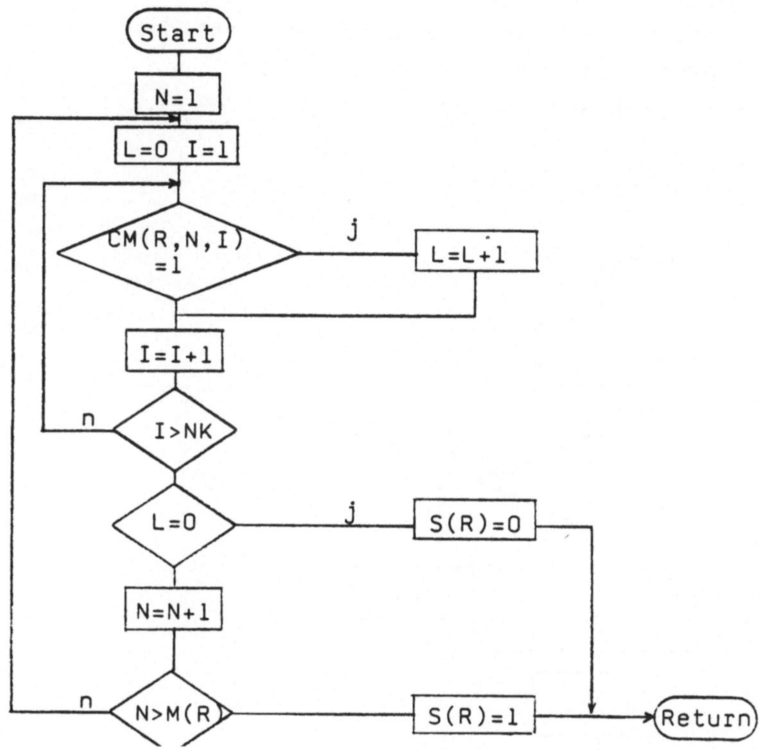

Da sowohl bei SYSCHECK1 wie bei SYSCHECK2 pro Senkkomponente die maximale Anzahl der Operationen der Anzahl der Matrixzeilen entspricht, kann als grobe Entscheidungsregel abgeleitet werden, daß für jede Senkkomponente das Verfahren gewählt wird, bei dem die minimale Anzahl von Matrizenzeilen bearbeitet werden muß.

Abb.III-32 Ablaufdiagramm SYSCHECK

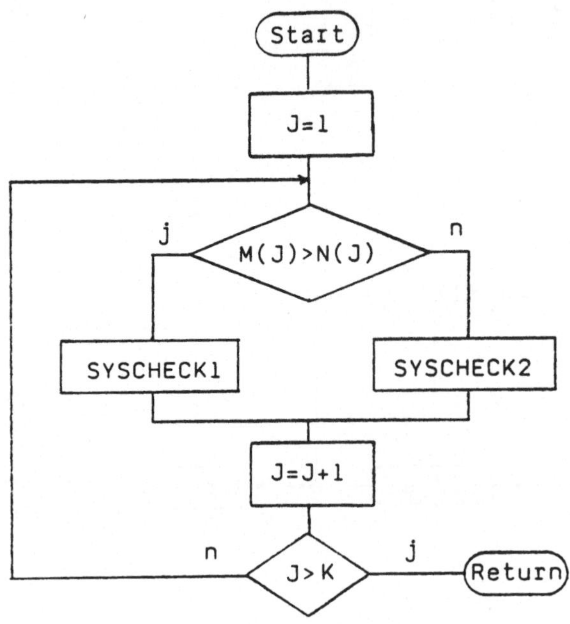

SYSCHECK prüft für Ereignisse des Typs A die Abhängigkeitsprofile des Modells, um etwaige abhängige Komponentenausfälle zu generieren und in die Ereignisliste einzufügen.

Die graphische Darstellung eines veränderten Komponentenzustandes wird durch einen GRED-Aufruf bewerkstelligt, der die fragliche Komponente als defekt oder intakt kennzeichnet (z.B. durch Blinken oder Löschen des Makros).

Der Zufallsgenerator zur Erzeugung zufälliger Zeiten (Lebensdauer und Reparaturzeit) beruht auf der Lehmerschen Kongruenzmethode und erzeugt gleichverteilte Zufallszahlen zwischen 0 und 1. Für jede Komponente wird die Erzeugung einer Zeit durch die Parameterübergabe (Verteilungsparameter,Verteilungstyp und eventuell empirische Verteilung mit relativen Häufigkeiten) gesteuert. Aus den gleichverteilten Realisationen werden durch Transformation (siehe II 2.3.3) Zufallszahlen, die als Stichprobenwerte aus der Grundgesamtheit mit geforderter Verteilung angesehen werden können.

Abb.III-33 Verteilungstransformation

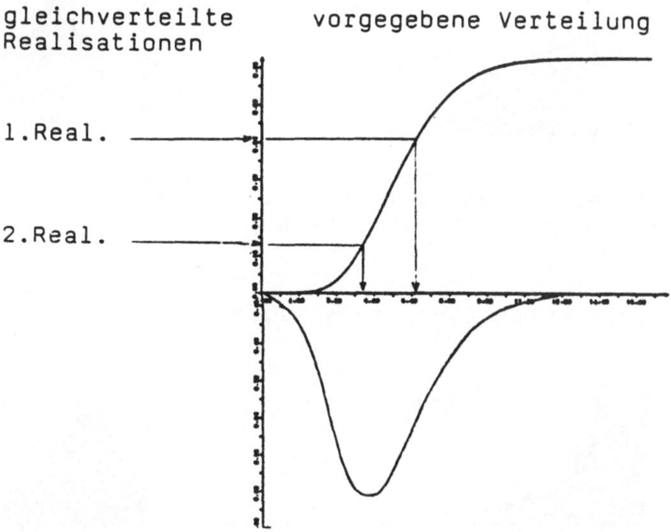

Im Programmteil DOK werden alle auftretenden Zustandszeiten, insbesondere Wartezeiten der ausgefallenen Komponenten und Leerzeiten der Reparaturkanäle registriert. Für jede Senke wird eine Statistik der zugeordneten Systemzustandszeiten aufgebaut. Diese während des Simulationslaufs geführten Statistiken stellen das Datenmaterial für die anschließende Reportgenerierung dar.

Die statistische Auswertung der Simulation (REPORT) kann zu jeder Zeit angefordert werden. D.h. auch Zwischenauswertungen der Simulation sind möglich. REPORT zeigt die Verteilungen der geführten Statistiken graphisch auf dem Bildschirm und ermittelt die Parameter dieser empirischen Verteilungen.

Abb.III-34 statistische Auswertung **REPORT**

Systemverfügbarkeit

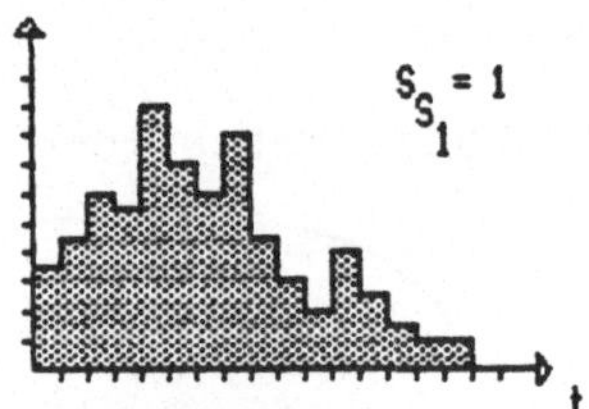

. .

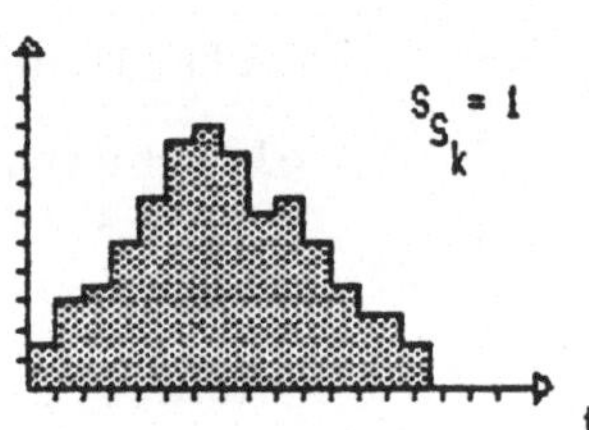

Verteilung der Verweilzeit im Zustand "intakt" mit Mittelwert und Streuung

Komponenten (Gesamtausfallzeiten)

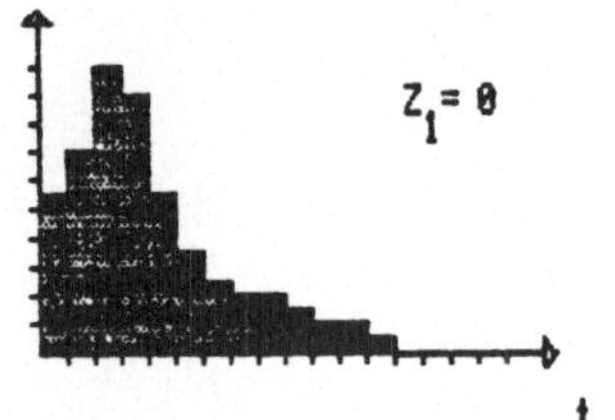

. .

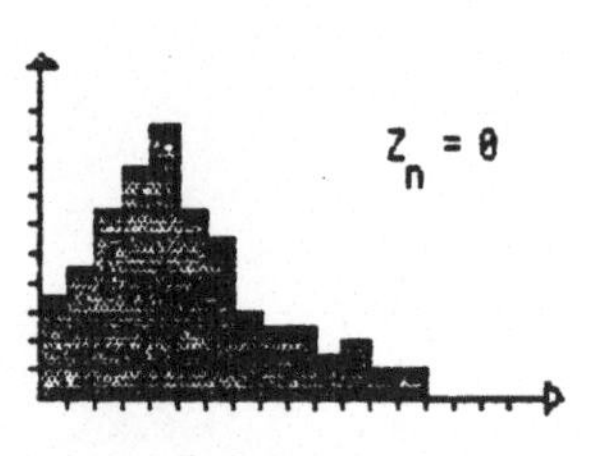

Verteilung der Verweilzeit im Zustand "defekt" mit Mittelwert und Streuung

Reparaturkanäle (Auslastung)

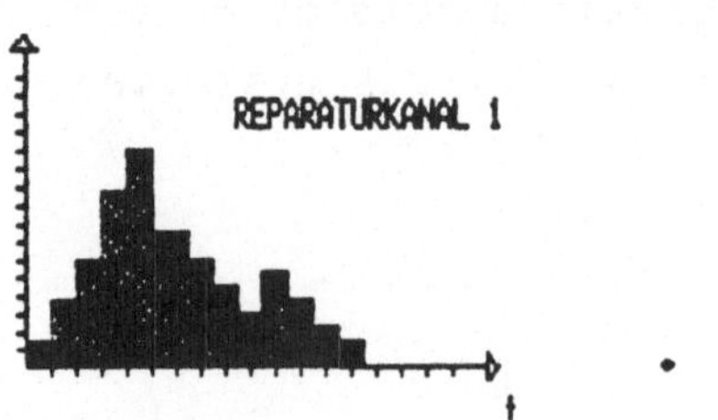

. .

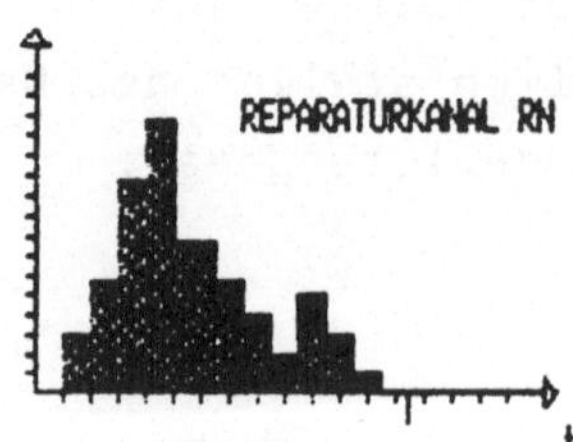

Wartezeiten (Leerzeiten) der Reparaturkanäle mit Mittelwert und Streuung

Stehen nach einer Folge von Simulationsläufen mittlere Systemzustandszeiten bzw. mittlere Auslastungsgrade der Reparaturkanäle zur Verfügung, so kann REPORT auch dreidimensionale Auswertungen graphisch aufbereiten.

Abb.III-35

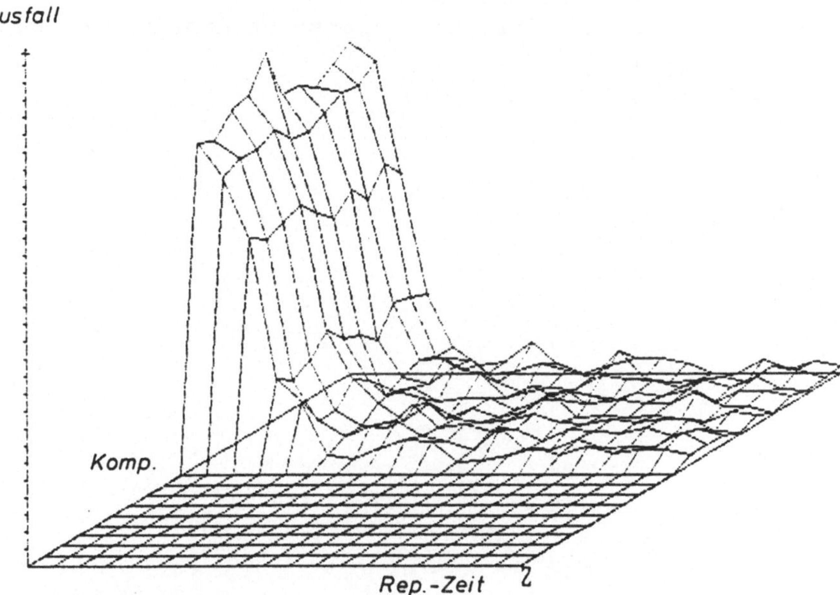

2.2 Dialog- und Batchbetrieb

Der Simulationskern NETSIM kann im Dialog- oder Stapelbetrieb (Batchbetrieb) benutzt werden. Im Dialogbetrieb kann der Simulationslauf durch den Benutzer so eingestellt werden, daß ihm wahlweise jeder veränderter Systemzustand auf dem Bildschirm angezeigt wird, wobei zusätzlich ein step-to-step Modus als Zeitlupensimulation zuschaltbar ist. Außerdem sind im Dialog alle Funktionen des GRED und REPORT aufrufbar. Die Darstellung des Simulationsgeschehens und Prüfung der Dialogeingaben sind relativ zeitaufwendig und sollten nur phasenweise initialisiert werden.
Zum Zweck einer schnelleren Durchlaufzeit wird vom Dialogbetrieb in den Batchbetrieb umgeschaltet, der allein die Phasen Ereignislistenverwaltung mit Zufallsgenerator, System-

zustandsprüfung und Dokumentation umfaßt. Durch die von Benutzerinteraktionen losgelöste rein algorithmische Zustandsfolgenbestimmung ist eine wesentliche Zeitreduktion zu verzeichnen. Damit kann der Benutzer zwischen einer langsamen visualisierten Simulation, die sich durch Transparenz auszeichnet, und einer schnelleren batchorientierten Simulation wählen.

IV Betriebswirtschaftliche Aspekte und Systemanwendungen

1. Betriebsstörungen bei produktiven Systemen

Die Betrachtung von störanfälligen Systemen in der klassischen betriebswirtschaftlichen Literatur bezieht sich, wenn überhaupt, auf produktionstheoretische Gesichtspunkte. Der störungsfreie Ablauf von Produktionsprozessen wird in der Regel sogar vorausgesetzt. GUTENBERG [1)] sieht durch ausfallende Aggregate auftretende Betriebsstörungen als sich ausgleichende "oszillative Schwankungen" an, die im eigentlichen Sinn ein organisatorisches Problem darstellen.
Verursachungsgemäß hängen Störungen des Betriebsablaufs mit dem Ausfall von Aggregaten, Bedienungspersonal oder Materialfluß zusammen. WÖHE [2)] fordert pauschal, daß durch sorgfältige Wartung der Anlagen die Störungen minimiert werden müssen. Der gesamte Komplex der Störung und Störungsbeseitigung wurde aus betriebswirtschaftlicher Sicht eher unter deskriptiven und kasuistischen Gesichtspunkten gesehen.
Die Erfüllung der Forderung nach Minimierung von Störungen kann aber nur durch quantitative Verfahren erreicht werden. Daher sind die wesentlichen Anstöße zur (Weiter-) Entwicklung von theoretischen Modellen zur Störungsbeschreibung und Störungsberechnung aus der Unternehmensforschung gekommen. Insbesondere aus den Teildisziplinen Warteschlangentheorie und Ersatztheorie erwuchsen Verfahren, die die Kenngrößenermittlung von stochastischen Ausfällen erst ermöglichten. Bezogen auf betriebliche Belange werden bei OPFERMANN [3)] oder KISTNER [4)] die Einsatzmöglichkeiten verschiedener Verfahren aufgezeigt.
Im Vordergrund der Untersuchungen von Kistner steht neben dem Aufbau einer vollständigen Theorie störanfälliger Produktionssysteme die Anwendbarkeit von OR-Techniken. Durch Ansätze aus der Warteschlangentheorie und durch Simulationen leitet er eine Reihe von interessanten Ergebnissen ab.

---

1) GUTENBERG [1967,S.288 f.].

2) WÖHE [1964,S.61].

3) OPFERMANN [1968].

4) KISTNER [1974].

Dagegen stützt Opfermann sich methodisch hauptsächlich auf ersatztheoretische Verfahren und Simulationen.
Begründet durch die produktionstechnische Annäherung an die Problematik der Ausfallbeschreibung fällt die Definition des Begriffes Störung in diesem Kontext enger aus als die Festlegung in II 1.1 . Für OPFERMANN [1)] stellen sich die Betriebsstörungen als "Ausfälle ... von sogenannten Potentialfaktoren, sowie Verzögerungen, welche geeignet sind, eine Unterbrechung des Betriebsprozesses herbeizuführen." dar. Im Gegensatz dazu schließt KISTNER [2)] störungsbedingte Qualitätsveränderungen bei der Definition von Betriebsstörungen nicht aus, sondern charakterisiert sie durch ".. Veränderungen bestimmter Normen des Produktionsprozesses." . Damit können Betriebsstörungen durch Qualitätsminderungen, Prozeßverlangsamung und Ausfall hervorgerufen werden. Wesentlich ist die Feststellung, daß beim Auftritt einer Betriebsstörung Ausfallzeiten auftreten.
Zur mathematischen Beschreibung störanfälliger Produktionsprozesse dienen bei Kistner vier stochastische Prozesse, die ein Wartesystem abbilden:

- Ankunftsprozeß ,
- Bedienungsprozeß ,
- Störprozeß und
- Reparaturprozeß.

Wartesysteme dieser Art unterscheiden sich von den in II 2.3 betrachteten Modellen durch die Einbeziehung der produktionstechnischen Aspekte (Materialfluß, Verarbeitung), d.h. Ankunfts- und Bedienungsprozeß der bisher betrachteten Modelle entsprechen dem Störprozeß und Reparaturprozeß dieses Systems.

---

1) OPFERMANN [1968,S.30].
2) KISTNER [1974,S.18].

2. Optimierungsansätze

Das betriebswirtschaftliche Ziel muß es sein, optimale Regeln für die Behandlung von Betriebsstörungen zu finden. Das Optimum ist hierbei nicht allein als technische oder organisatorische Rahmenbedingung für die Zuverlässigkeit eines Produktionsprozesses zu verstehen, sondern auch unter dem Gesichtspunkt der Kostenverursachung zu sehen. Die geforderte Zuverlässigkeit produktiver Systeme (wenig Ausfallzeiten bei konstanter Produktqualität und Produktionsgeschwindigkeit) läßt sich nur mit erhöhten Kosten verbessern. Nach diesen Überlegungen ist eine Maßnahme zur Störungsbeseitigung dann optimal, wenn die Summe aus den hierdurch verursachten Kosten und den Kosten der Störung selbst ein Minimum werden.
Durch diesen Ansatz ist die Behandlung des Problems auf die reine Kostenbetrachtung reduziert worden, wobei die kostenmäßige Bewertung von Störungen in der Regel aus bewerteten Ausfallzeiten besteht. Implizit wird dabei die Zuverlässigkeit als eindimensionale Größe behandelt, die als aggregierte Kostengröße in die Modellbildung eingeht. Diese Reduktion führt zwar methodisch zu einfacheren Modellstrukturen, setzt aber die komplexe Kostenzuordnung voraus. Die Bewertung der Ausfallzeiten ist bei produktiven Systemen durch Ausstoßminderung und Leerzeiten des Bedienungspersonals noch rechenbar, wird aber schon überaus problematisch bei qualitativen Prozeßveränderungen (z.B. Qualitätsverlust). Maßnahmen zur vorbeugenden Störungsabwehr (Wartung), Verkürzung der Reparaturzeiten oder Prozeßumstrukturierungen (Einbau von Redundanzen) sind eher einer Kostenbewertung zugänglich.

Im einfachsten Fall werden somit störanfällige Produktionssysteme praktischen Bewertungs- und Berechnungsregeln zugänglich gemacht, indem die erfaßten Kosten für Systemausfälle den Kosten der Störungsverhinderung und Störungsbeseitigung gegenübergestellt werden. Hierbei ist zu untersuchen, ob die Betrachtungen in der Planungsphase für den Aufbau solcher Systeme angestellt werden, oder ob Untersuchungen zur Verbesserung eines laufenden Systems vorgenommen werden. Im ersten Fall wird unter Vorgabe einer Mindestsystemverfügbarkeit (Anteil störungsfreier Produktionszeit als Anspruchsniveau) nach kostenminimalen Modellvarianten gesucht, wohingegen im zweiten Fall eine Erhöhung der Verfügbarkeit den nachträglichen Maßnahmen gegenübergestellt wird. Eine Reihe von Arbeiten zur Kostenminimierung bei vorgegebener Zuverlässigkeit abstrahiert stark den betriebswirtschaftlichen Gehalt für die mathematische Modellbildung und betrachtet Systemkosten als aggregierte Kosten der Einzelaggregate (Komponenten). Die eingerechneten Kosten steigen abhängig von der Zuverlässigkeit der Komponente zumindest quadratisch.

Abb.IV-1 Komponentenkosten c_i in Abhängigkeit von mittlerer Lebensdauer $\bar{\tau}_i$

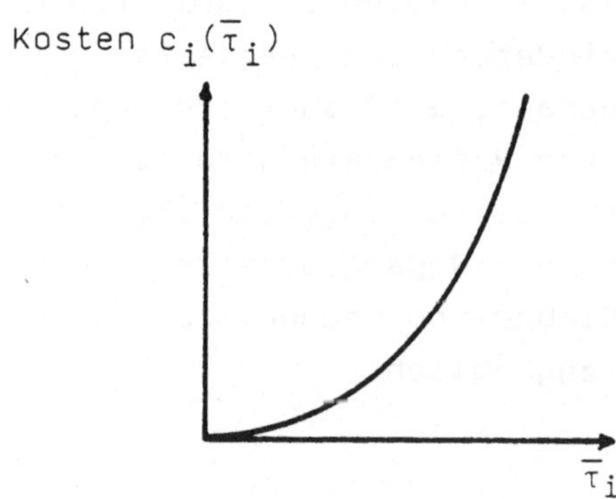

Unter der Annahme, daß die Kosten c_i des Gesamtsystems ($S=(K_1,..,K_n)$) sich errechnen lassen aus

$$c_s = \sum_{i=1}^{n} c_i(\bar{\tau}_i) ,$$

können zwei mathematische Modelle zur Optimierung aufgebaut werden:

(2.1) Maximierung der Systemzuverlässikeit unter Kostenrestriktionen

p_s —> max mit (vgl. III 2.2)

$c_s \leq c^*$, oder

(2.2) Minimierung der Systemkosten unter Einhaltung von Mindestzuverlässigkeiten

c_s —> min mit

$p_s \geq p^*$.

Diese Optimierungssysteme sind hochgradig nichtlinear, da in der Regel weder die Kosten linear ansteigen, noch die Systemzuverlässigkeit linear von den Komponentenzuverlässigkeiten abhängt. Schon im einfachsten Fall eines Seriensystems läßt sich p_s nur aus dem Produkt der p_i berechnen. In TILLMAN,HWANG,KUO [1] wird eine Übersicht über den Stand der Forschung auf diesem Gebiet gegeben. Einige wenige Ansätze seien der Vollständigkeit wegen angeführt. Durch heuristische Überlegungen gelangten SHARMA,VENKATESWARAN[2] zu einem Algorithmus, der stufenweise den Subsystemen (Komponenten) mit minimaler Zuverlässigkeit redundante Komponenten zuordnet, bis die geforderten Restriktionen gerade noch erfüllt sind.

---

[1] TILLMAN,HWANG,KUO [1980].

[2] SHARMA,VENKATESWARAN [1971].

Da bei diesem Vorgehen die Optimalität der Lösung nicht gewährleistet ist, modifizierte AGGARWAL[1] das Verfahren derart, daß als Entscheidungskriterium für die Zuordnung von redundanten Komponenten der relative Zuverlässigkeitszuwachs gewählt wird. Neben diesen und weiteren heuristischen Ansätzen gibt es auf die spezielle Problematik zugeschnittene Verfahren aus den Bereichen Lineare Programmierung, Ganzzahlige Programmierung, Dynamische Programmierung und Branch und Bound. In einigen Fällen (Seriensysteme) kann man durch Logarithmieren der Zielfunktion künstliche Linearität erzielen und somit zur optimalen Lösung gelangen.
Im Regelfall wird man aber durch die Nichtlinearität auf komplexe Algorithmen ausweichen müssen, die damit die Möglichkeiten der Optimalitätsbestimmung allgemeiner Systeme wesentlich einschränken.
Schon die Einhaltung einfacher Methoden der Zuverlässigkeitserhöhung versprechen gute Ergebnisse. Beispielsweise fordern TILLMAN,HWANG,KUO [2] folgende Maßnahmen zur Minderung von Ausfallzeiten:

- Vermeidung von komplizierten Systemstrukturen,
- Erhöhung der Komponentenzuverlässigkeit,
- Einsatz von redundanten (parallelen) Komponenten (heiße Reserve) in Teilsysteme mit wenig Zuverlässigkeit,
- Einfügen von kalter Reserve,
- Reparatur,
- Wartung, präventiver Ersatz.

Die analytischen Optimierungsansätze sind demnach nur für besonders einfache Systemstrukturen (ohne Reparatur) geeignet. Auch hier bietet die stochastische Simulation [3] einen Lösungsweg.

---

[1] AGGARWAL [1975].

[2] TILLMAN,HWANG,KUO [1980,S.1 f.].

[3] ONG [1984].

3. Neuere Ansätze unter Berücksichtigung von mehrfacher Zielsetzung

Aus der Forderung der gleichzeitigen Minimierung von Kosten, Gewicht und Volumen und der Maximierung der Systemzuverlässigkeit sind mathematische Optimierungsmodelle [1)] abgeleitet worden, die für sehr einfache Systemstrukturen folgende Gestalt haben:

Sei $S=(K_1,..,K_n)$ ein störanfälliges System das aus N unabhängigen Teilsystemen in Serie besteht (Teilsystem S_j mit kalter Redundanz, 2-von-n_j-System). Die Systemkosten, das Systemgewicht und das Systemvolumen ist von der jeweiligen Intaktwahrscheinlichkeit p_i der Komponente K_i abhängig:

$$c_s = \sum_j c_j(p_j)\cdot n_j \qquad \text{Kosten}$$

$$w_s = \sum_j w_j(p_j)\cdot n_j \qquad \text{Gewicht}$$

$$v_s = \sum_j v_j(p_j)\cdot n_j \qquad \text{Volumen .}$$

Die Intaktwahrscheinlichkeit des Systems (p_s) ergibt sich aus der speziellen Gestalt:

$$p_s = \prod_j (1-(1-p_j)^{n_j}).$$

Für ein solches System mit unabhängigen Komponentenausfällen und konvexer (differenzierbarer) Kostenfunktion führt der schon erwähnte Schritt des Logarithmierens zu dem Optimierungsansatz:

$$\begin{aligned} -\sum_j \log(1-(1-p_j)^{n_j}) &+ \mu_{12}\cdot\sum_j c_j(p_j)\cdot n_j \\ &+ \mu_{13}\cdot\sum_j w_j(p_j)\cdot n_j \\ &+ \mu_{14}\cdot\sum_j v_j(p_j)\cdot n_j \longrightarrow \min \end{aligned}$$

mit den Restriktionen:

$$c_s \leq c^*,\ w_s \leq w^*\ ,\ v_s \leq v^*\ .$$

---

1) SAKAWA [1978], INAGAKI [1979].

Dieser Ansatz (multiobjective optimization) wird bei SAKAWA [1] mit der "Surrogate Worth Trade-Off" Methode zu einer Lösung geführt. Festgehalten sei nur, daß die Optimierung bei mehrfacher Zielsetzung wiederum nur bei einfachen Systemstrukturen (Systemfunktion als Zielfunktion) zum Erfolg führen kann.

Dagegen sind heuristische Überlegungen zur Optimierung störanfälliger Systeme immer anwendbar und können darüberhinaus in Simulationsverfahren eingebettet werden. Die in Kapitel III vorgestellte Simulationstechnik bietet den Vorteil der mehrdimensionalen Datenaufbereitung, so daß zwar kein analytisch berechnetes Optimum erwartet werden kann, wohl aber eine prägnante (praxisgerechte) Gegenüberstellung der relevanten Kenngrößen (verschiedene Verfügbarkeitsgrade, Koste etc.) erreicht wird.

---

[1] SAKAWA [1978].

V Anwendungsbeispiel

Zum vertiefenden Verständnis der zugrundegelegten Modellphilosophie soll ein Beispiel vorgestellt und berechnet werden, das schon in II 1.2.1 kurz angesprochen wurde. Hierbei handelt es sich um ein vereinfachtes Rechnerverbundnetz, das aus 10 Komponenten besteht. Zur genaueren Beschreibung sei auf die Ausführung von S.   verwiesen.
Der interaktive Aufbau des Modells als Netzwerk geschieht auf dem Graphikbildschirm und ist anhand der Hardcopy in Abb.V-1 verdeutlicht.

Abb.V-1

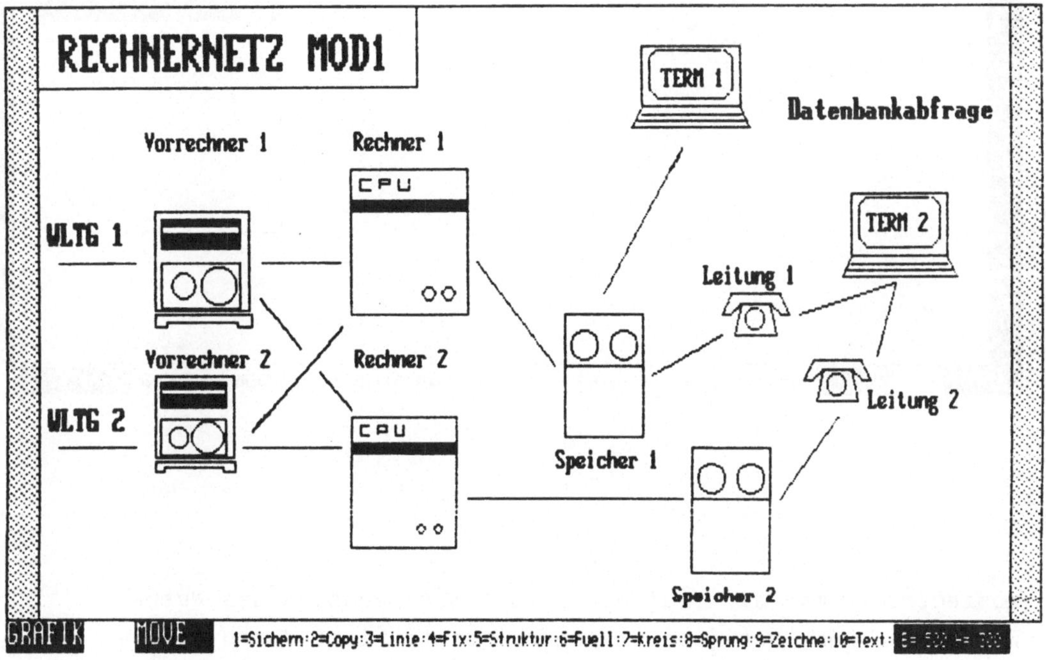

Die Abbildung des störanfälligen Systems kann beliebig genau gestaltet werden, da der Auflösung durch den Vergrößerungseffekt keine Grenzen auferlegt sind.

Abb.V-2 Ausschnittsvergrößerung des Rechnernetzwerkes

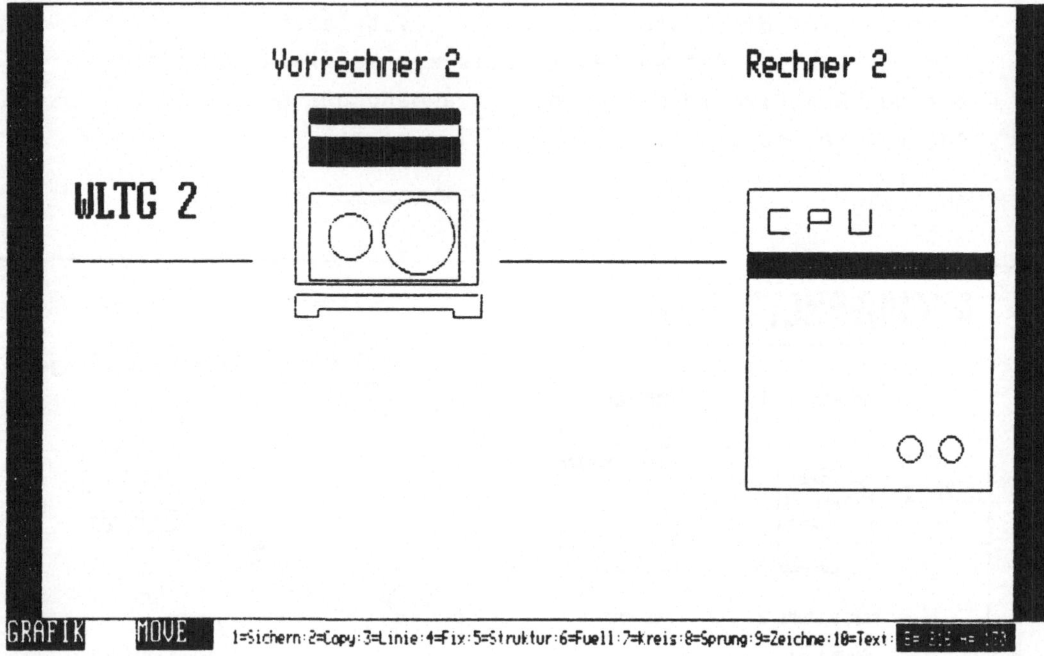

Konzentriert man sich auf die Strukturbetrachtung des Netzwerkes, so kann man jede Komponente abstrahiert durch symbolische Elemente darstellen. Das in Abb.V-3 aufgebaute Netz würde in diesem Fall nachstehende Gestalt bekommen:

Abb.V-3 symbolische Darstellung des störanfälligen Rechnernetzes

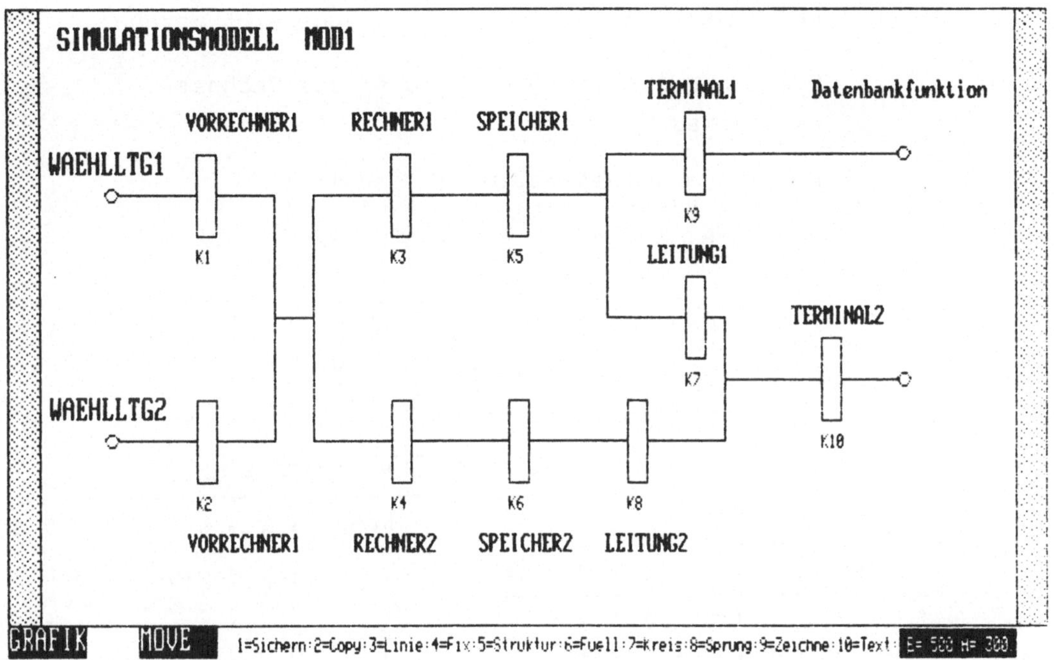

Während des NETGEN-Laufes werden auch die Komponentenzuordnungen eingegeben, die auf dem Bildschirm in Form der Kantenmatrix angezeigt werden können:

Abb.V-4 Kantenmatrix (Rechnernetz)

K A N T E N M A T R I X

VON \ ZU	1	2	3	4	5	6	7	8	9	10
1	0	0	1	1	0	0	0	0	0	0
2	0	0	1	1	0	0	0	0	0	0
3	0	0	0	0	1	0	0	0	0	0
4	0	0	0	0	0	1	0	0	0	0
5	0	0	0	0	0	0	1	0	1	0
6	0	0	0	0	0	0	0	1	0	0
7	0	0	0	0	0	0	0	0	0	1
8	0	0	0	0	0	0	0	0	0	1
9	0	0	0	0	0	0	0	0	0	0
10	0	0	0	0	0	0	0	0	0	0

Mit dem Abschluß der Modellgenerierung steht für den Ablauf der nachfolgenden Programme die Modellbasis zur Verfügung. Die für die Systemzustandsprüfung notwendigen Strukturdaten (Pfadmatrix, Schnittmatrix) werden nach Aktivierung von NETANA bestimmt und können angezeigt werden:

Abb.V-5 Pfade und Schnitte am Beispiel des Rechnernetzwerkes

N E T A N A (Netzanalyse) Pfade:

Senkkomp.	Pfad Nr	Komponenten
1	1	1,3,5,9
1	2	2,3,5,9
2	3	1,3,5,7,10
2	4	1,4,6,8,10
2	5	2,4,6,8,10

PFADMATRIX PM(1)

Pfad \ Komp.	1	2	3	4	5	6	7	8	9	10
1	1	0	1	0	1	0	0	0	1	0
2	0	1	1	0	1	0	0	0	1	0

PFADMATRIX PM(2)

Pfad \ Komp.	1	2	3	4	5	6	7	8	9	10
1	1	0	1	0	1	0	1	0	0	1
2	1	0	0	1	0	1	0	1	0	1
3	0	1	0	1	0	1	0	1	0	1

SCHNITTMATRIX CM(1)

Schnitt \ Komp.	1	2	3	4	5	6	7	8	9	10
1	1	1	0	0	0	0	0	0	0	0
2	0	0	1	0	0	0	0	0	0	0
3	0	0	0	0	1	0	0	0	0	0
4	0	0	0	0	0	0	0	0	1	0

SCHNITTMATRIX CM(2)

Schnitt \ Komp.	1	2	3	4	5	6	7	8	9	10
1	1	1	0	0	0	0	0	0	0	0
2	1	0	0	1	0	0	0	0	0	0
3	1	0	0	0	0	1	0	0	0	0
4	1	0	0	0	0	0	0	1	0	0
5	0	1	1	0	0	0	0	0	0	0
6	0	0	1	1	0	0	0	0	0	0
7	0	0	1	0	0	1	0	0	0	0
8	0	0	1	0	0	0	0	1	0	0
9	0	1	0	0	1	0	0	0	0	0
10	0	0	0	1	1	0	0	0	0	0
11	0	0	0	0	1	1	0	0	0	0
12	0	0	0	0	1	0	0	1	0	0
13	0	1	0	0	0	0	1	0	0	0
14	0	0	0	1	0	0	1	0	0	0
15	0	0	0	0	0	1	1	0	0	0
16	0	0	0	0	0	0	1	1	0	0
17	0	0	0	0	0	0	0	0	0	1

Als statistische Daten werden im Verlauf der Modellerfassung die Verteilungen aller Komponenten erfaßt. Beispielhaft seien hier zwei aufgeführt:

Abb.V-6 Komponentenverteilungen

KOMPONENTE 1 Statistik

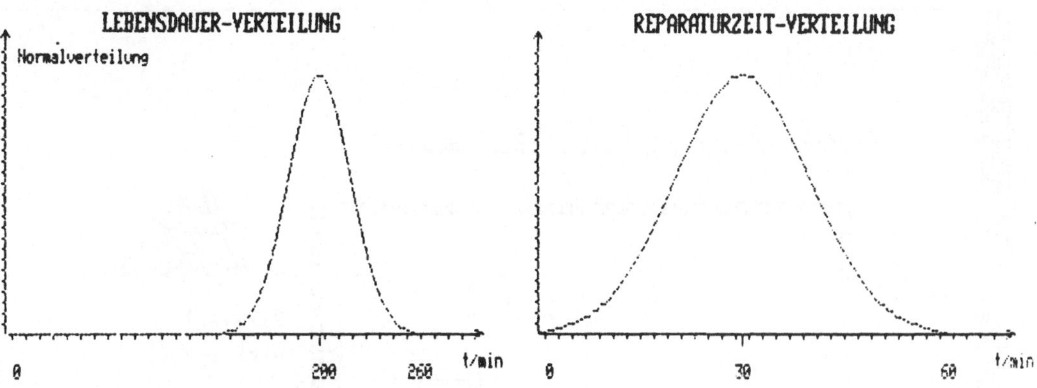

Normalverteilung
Geben Sie die Verteilungsparameter an :

KOMPONENTE 2 Statistik

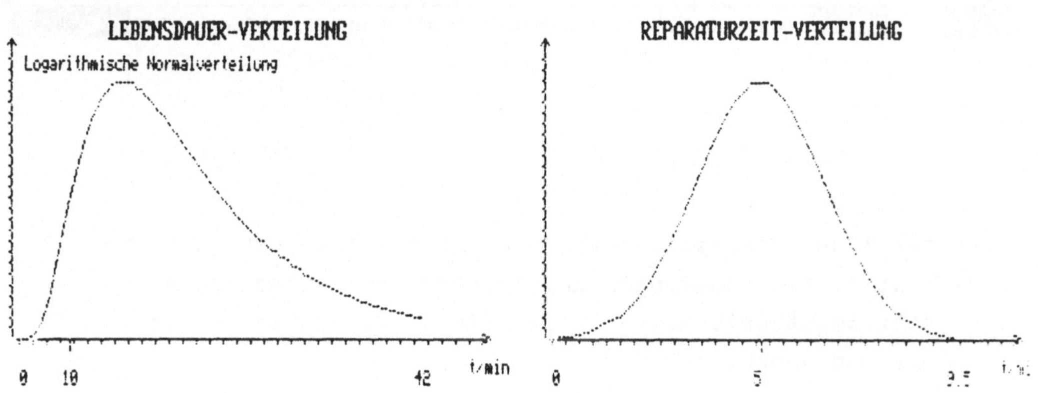

Für Senke 1 (Terminal 1) und Senke 2 (Terminal 2) stehen somit alle Informationen für eine Simulation bereit. Bei vorgegebener Modellstruktur und statistischen Daten sollen für Terminal 1 und Terminal 2 die Verteilungen der Verfügbarkeit von Rechnerleistung ermittelt werden.

Abb.V-7 Simulationsziel

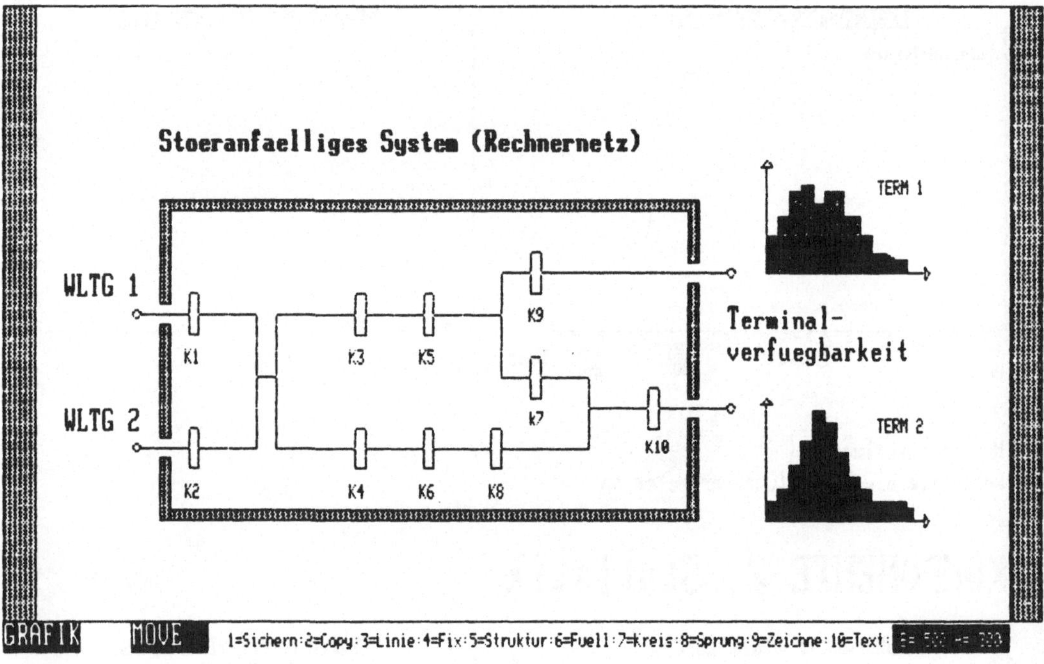

Nach Anwahl des Simulationsprogramms (NETSIM) werden je nach Spezifikation die Änderungen der Komponentenzustände angezeigt oder im Stapelbetrieb direkt ein Simulationsergebnis errechnet und abgebildet.

Abb.V-8 Darstellung der interaktiven Simulation am Bildschirm

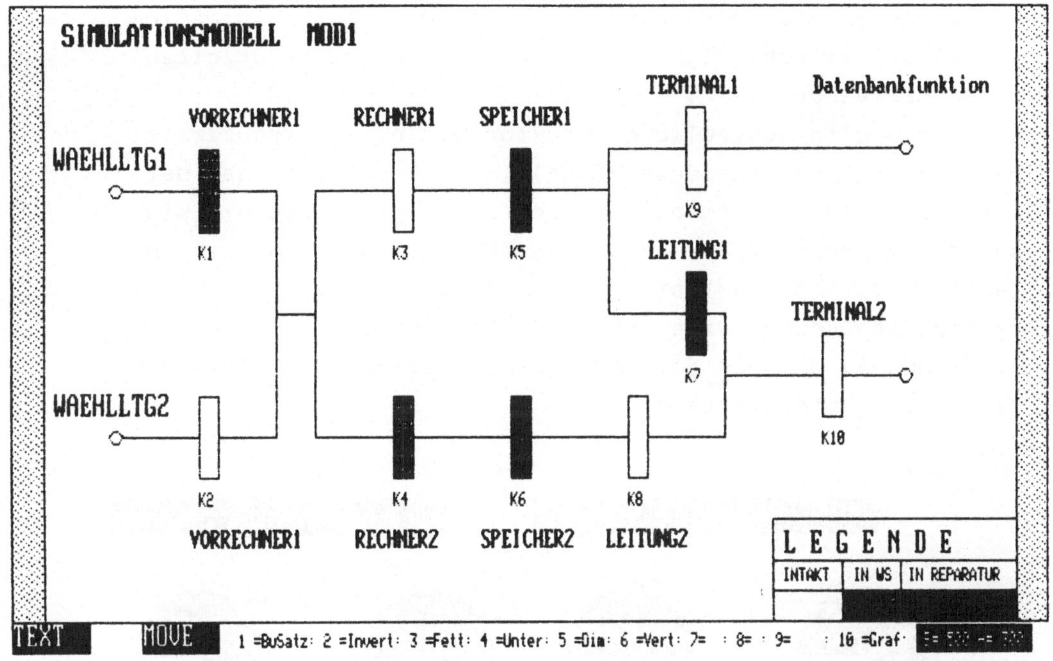

Zur Untersuchung des zeitlichen Ausfallverhaltens, d.h. der mittleren Verweilzeit in den Zuständen defekt bei Senke 1 (Terminal 1) und Senke 2 (Terminal 2), wurde ein identisches Komponentenausfallverhalten zugrundegelegt. In diesem speziellen Fall sollte die mittlere Lebensdauer 200 Zeiteinheiten (Normalverteilung) betragen.

Bei nur einem Reparaturkanal (identische Reparaturzeitverteilung für alle Komponenten) war als Modellparameter die mittlere Reparaturzeit vorgesehen, so daß als Ergebnis der Simulationsläufe die Verfügbarkeit der Rechnerkapazität (hier als aktuelles Vorhandensein von Datenbankinformation aufgefaßt) in Abhängigkeit von variierten Reparaturzeiten berechnet wurde.
Durch die unterschiedliche Struktur der beiden reduzierten Parallelsysteme (minimale Pfade) ist ersichtlich, daß der Systemzustand an Terminal 1 durch fehlende Redundanz (bis auf die Vorrechner) erwartungsgemäß schlechter ist als an Terminal 2. Insgesamt ergab sich unter Berücksichtigung der veränderten Reparaturzeiten (3 Zeiteinheiten (ZE), 10 ZE, 30 ZE und 90 ZE) das folgende Verhältnis zwischen Intaktzeiten und Defektzeiten:

Abb. V-9

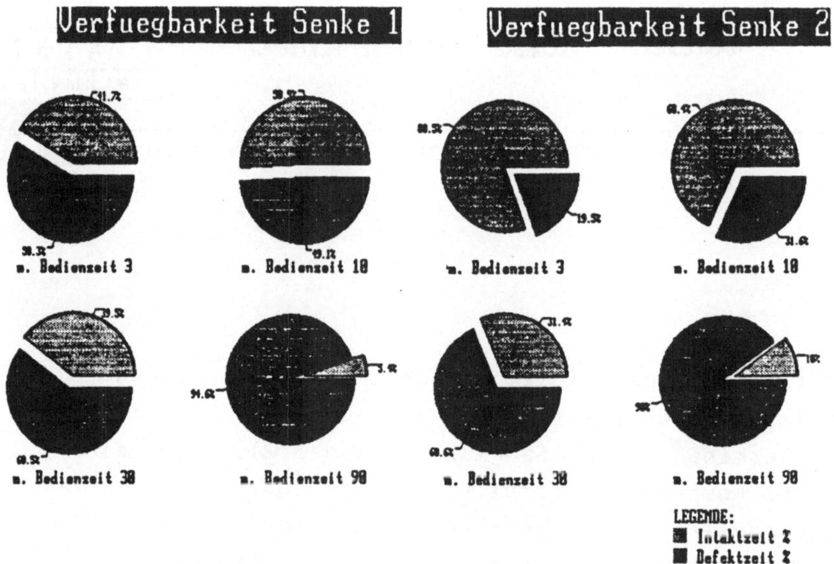

Die jeweils zugehörigen Zeitverteilungen sind in Abb.V-10 und Abb.V-11 dargestellt.

Schon bei hohem Reparaturservice liegt die Verfügbarkeit von Terminal 1 nur bei 41,7 %. Dagegen beträgt bei gleicher Reparaturzeit die Intaktzeit von Terminal 2 80,5 %, d.h. die Verfügbarkeit von Terminal 2 ist etwa doppelt so groß wie die von Terminal 1. Die zu erwartende Verschlechterung der Verfügbarkeiten (auf 5,4 % bzw. 10 %) bei extremer Verlängerung der Reparaturzeit ist in dem jeweils letzten Kreisdiagramm ersichtlich. Somit müßten die Maßnahmen

- Erhöhung der mittleren Komponentenlebensdauern,
- Einfügen von Redundanzen (Modelländerung),
- Veränderung der Warteschlangendisziplin (Priorität),
- Erhöhung der Anzahl von Reparaturkanälen

in weiteren Simulationsläufen berechnet und den verursachten Kosten gegenübergestellt werden. Da die Verfahrensweise sich grundsätzlich von dem vorgestellten Simulationslauf nicht unterscheidet, ist an dieser Stelle von einer weiteren Betrachtung abgesehen worden.

Die Rechenzeit im Batchbetrieb lag bei jedem Simulationslauf mit ca. 500 Ereignissen zwischen 10 und 15 Sekunden. Da für beide Senkkomponenten die Anzahl der Pfade kleiner als die Anzahl der Schnitte war, konnte der Systemzustand am schnellsten durch die Routine SYSCHECK1 geprüft werden.

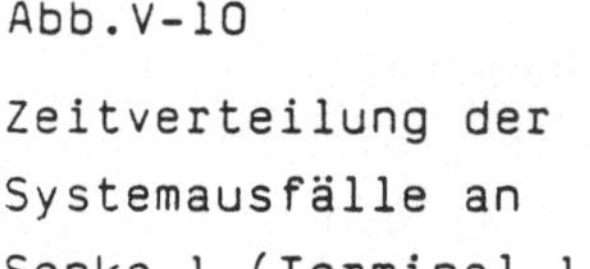

Abb.V-10

Zeitverteilung der Systemausfälle an Senke 1 (Terminal 1)

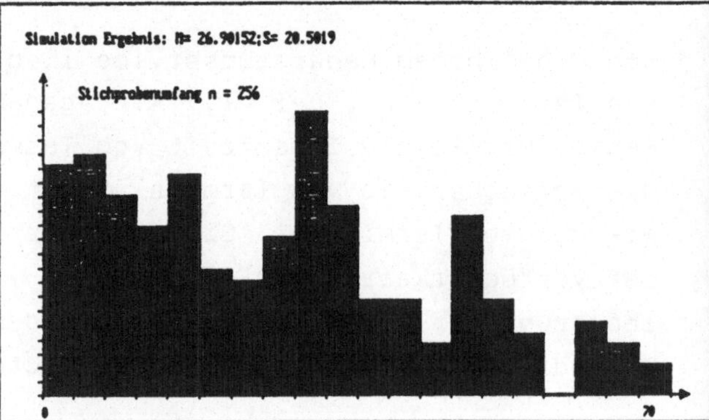

a) mittl. Reparaturzeit 90

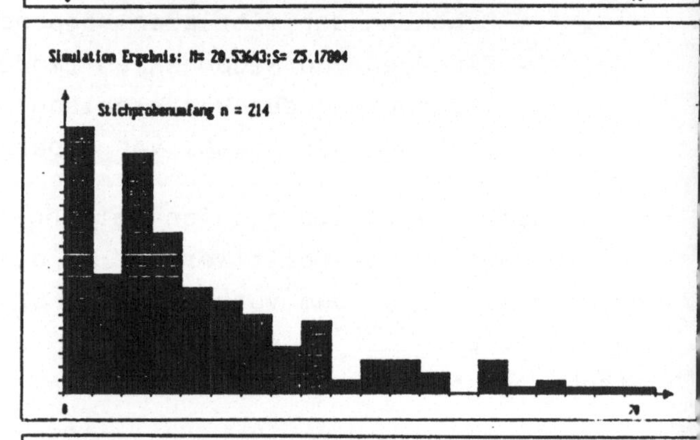

b) mittl. Reparaturzeit 30

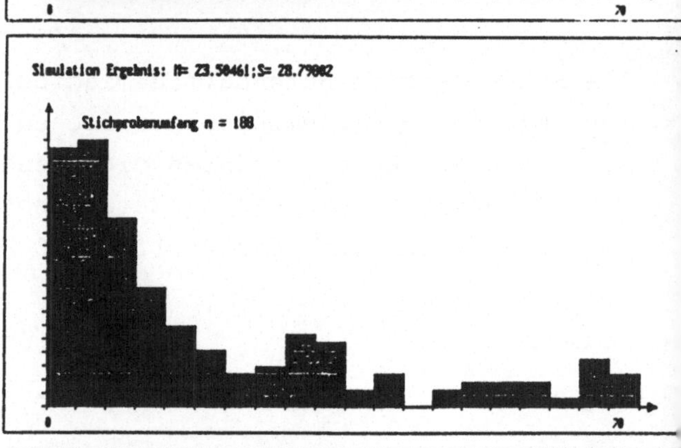

c) mittl. Reparaturzeit 10

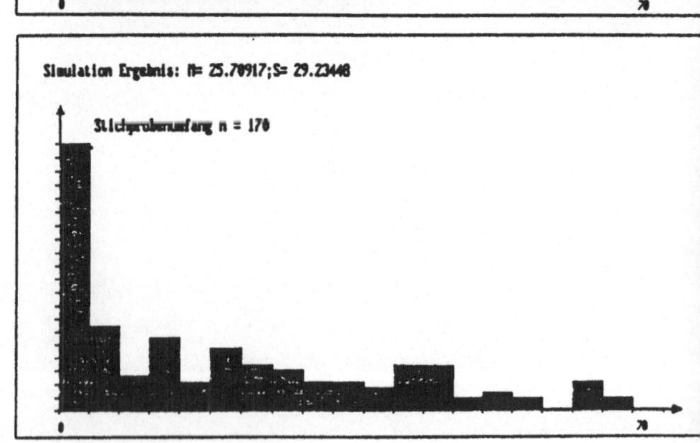

d) mittl. Reparaturzeit 3

Abb.V-11

Zeitverteilung der Systemausfälle an Senke 2 (Terminal 2)

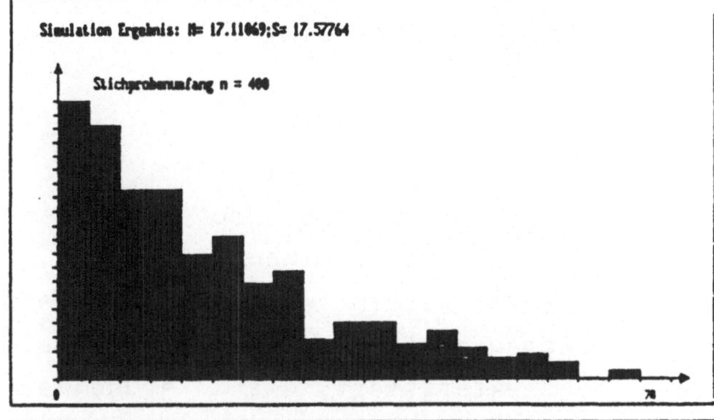

a) mittl. Reparaturzeit 90

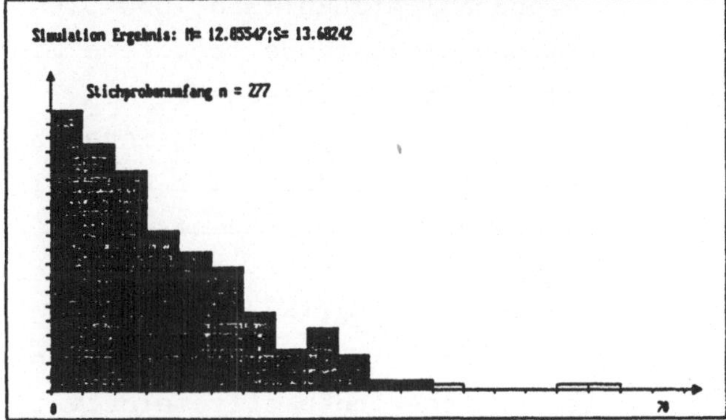

b) mittl. Reparaturzeit 30

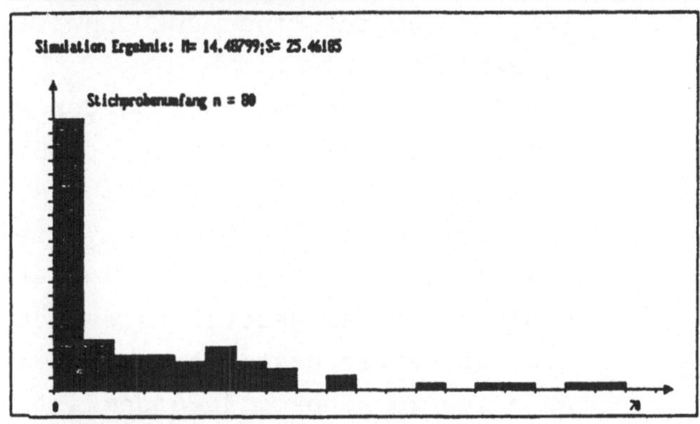

c) mittl. Reparaturzeit 10

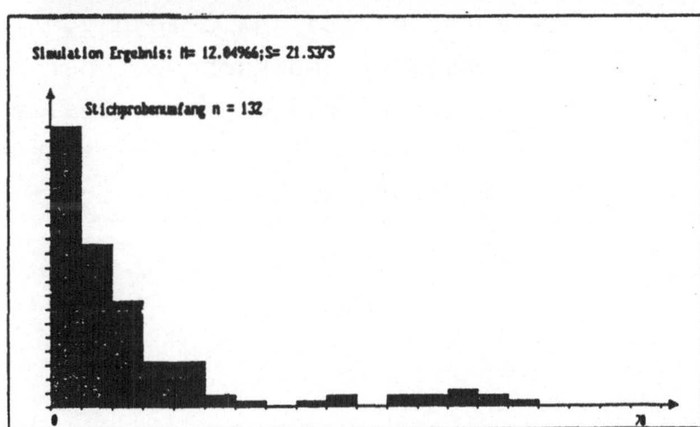

d) mittl. Reparaturzeit 3

VI Zusammenfassung

Bezogen auf die in I 3. skizzierte Zielsetzung wurde ein Modellkonzept entwickelt, das die Behandlung von störanfälligen Systemen durch graphentheoretische Verfahren und Simulationstechniken ermöglicht.
Hierbei werden aus zusammenhängenden Komponenten bestehende störanfällige Systeme durch Input-Output-Beziehungen charakterisiert, die aufgrund vorliegender Umwelteinflüsse (exogene Einflußgrößen und sich zufällig einstellender Komponentenzustände (endogene Einflußgrößen) beschreibbare Systemzustände erzeugen.
Die Feststellung der möglichen Systemzustände (intakt,defekt) wird nur durch die Kenntnis der Systemstruktur in Form einer analytisch geschlossenen Systemfunktion oder einem aus Komponentenzuständen ableitbarem algorithmischen Verfahren getroffen. Durch die Darstellung störanfälliger Systeme als azyklische Netzwerke mit ausfallenden gerichteten Kanten können allgemeine Verfahren der Graphentheorie (Bestimmung der Pfade und Schnitte) zur Strukturanalyse angewendet werden.
Wegen der stark einschränkenden Prämissen für die Anwendung von analytischen Verfahren zur Bestimmung der Systemzuverlässigkeit (Unabhängigkeit der Ausfallereignisse und spezielle Typen der Lebensdauerverteilung) wurde zur Modellevaluierung die ereignisorientierte stochastische Simulationstechnik eingesetzt, die zudem den Vorteil bietet, ohne die nur schwer bestimmbare Systemfunktion den Systemzustand ableiten zu können. Außerdem ist bei dieser Vorgehensweise die modellmäßige Abwicklung von verschiedenartigen Typen der Reparatur und Komponentenerneuerung möglich.
Das Auftreten von mehreren Quellen (identifiziert mit dem Zustand einer zugeordneten exogenen Einflußgröße) und mehreren Senken, denen partielle Systemzustände zugeschrieben

werden, führt zur Betrachtung von störanfälligen Systemen mit mehrdimensionalen binären Systemzuständen.
Wesentlich für die Auswertung störungsbedingter Systemausfälle ist somit die Gegenüberstellung der verschiedenen Verweilzeiten (Zeitverteilunegn) in den spezifiziert beschriebenen Teilsystemzuständen. Für die Bewertung der jeweiligen Modellvarianten ist dadurch eine wesentlich detailliertere Beschreibung (gegenüber den Intakt-,Defektaussagen) der Systemeigenschaften im Verlauf der Zeit möglich.
Die Realisierung des dargestellten Konzeptes erfolgte durch ein dreiphasiges Programmsystem, das sich im wesentlichen durch die graphisch interaktive Eingabe der Modellstruktur und Darstellung der Zustandsänderungen auszeichnet. Durch die Implementierung auf einem Microcomputer ist der benutzerfreundliche Dialog während des Modellaufbaus und des Simulationsablaufs gewährleistet. Der Nachteil der verlängerten Laufzeiten wird durch den flexiblen Einsatz der unterstützenden Graphikroutine (simulationsbegleitende Prozeßkontrolle) ausgeglichen.
Zusammenfassend kann gesagt werden, daß zur Analyse von Störanfälligkeiten ein Verfahren entwickelt wurde, das sich insbesondere durch einen benutzerfreundlichen graphikorientierten Dialog in den Phasen des Modellaufbaus, der Modellanalyse und der Modellsimulation auszeichnet. Die Technik der stochastischen Simulation erlaubt darüberhinaus eine flexible Anpassung an praxisbezogene Anforderungen. die allein durch analytische Verfahren im Regelfall nicht zu bewältigen ist.

ANHANG

```
10      '****************************************************************
        '* N E T S I M   Netzsimulation               Vers. 2.1  3/3/85  *
        '* Mit NETANA und SYSCHECK                                      *
        '****************************************************************
        '----------Dimensionierung der Felder -----------------------
        DIM AM%(20,20),LI%(200),PF%(10,10),NP%(10)
        DIM ET%(50),EZ(50),EN%(50),WA%(100),WZ(100),ZR%(30),ZE%(30),TR(30)
        DIM LR%(30),WR(20),WE(20),EK%(50),NI%(30),MI%(30),WEM(30),WRM(30)
        WIDTH 255
        GOTO 100

        '----------------- Bildschirmpositionierung -----------------
50      PRINT CHR$(27)+CHR$(89)+CHR$(32+Z%)+CHR$(32+S%);:RETURN

        '----------------- Bildschirm löschen ----------------------
60      PRINT CHR$(27)+CHR$(69);:RETURN

100     '----------------- Kantenmatrix ---------------------------
102     GOSUB 60:Z%=0:S%=0:GOSUB 50
        INPUT "Kantenmatrix E)inlesen,A)ufbauen:";X$
          IF X$="A" THEN 110
          IF X$="E" THEN 2000 ELSE 102
110     GOSUB 60:Z%=0:S%=0:GOSUB 50
        INPUT "Matrix-Eigabe (AM):   Dimension:";N%
        Z%=1:S%=0:GOSUB 50:PRINT "Nach:";:S%=10:GOSUB 50
        FOR I%=1 TO N%
          PRINT USING "###";I%;
        NEXT
        S%=0
        FOR Z%=3 TO N%+2
          GOSUB 50:PRINT "Von";Z%-3
        NEXT
        FOR I%=1 TO N%
          FOR J%=1 TO N%
           Z%=I%+2:S%=9+J%*3:GOSUB 50:PRINT USING "#";AM%(I%,J%)
          NEXT
        NEXT
        FOR I%=1 TO N%
          FOR J%=1 TO N%
150        Z%=I%+2:S%=9+J%*3:GOSUB 50:PRINT USING "#";AM%(I%,J%);
           GOSUB 50:X$=INPUT$(1):PRINT X$
             IF X$="E" THEN I%=N%:J%=N%:GOTO 190
             IF X$=CHR$(13) THEN X$="0":GOTO 180
             IF X$=CHR$(22) AND J%>1 THEN J%=J%-1
             IF X$=CHR$(17) AND I%>1 THEN I%=I%-1
             IF X$=CHR$(18) AND I%<N% THEN I%=I%+1
             IF X$=CHR$(20) AND J%<N% THEN J%=J%+1
             IF X$<>"0" AND X$<>"1" THEN 150
180        AM%(I%,J%)=INT(VAL(X$))
190       NEXT
        NEXT

192     Z%=N%+3:S%=0:GOSUB 50
        INPUT "Matrix Sichern (J/N):";X$
```

```
          IF X$="J" THEN 2100

200     '------------------ Liste LI(.) füllen ----------------------
        L%=0:FOR I%=1 TO N%
          IF AM%(1,I%)=1 THEN L%=L%+1:LI%(L%)=I%
        NEXT
        P%=1
250     M%=LI%(P%)+1
        FOR I%=1 TO N%
          IF AM%(M%,I%)<>0 THEN L%=L%+1:LI%(L%)=I%
        NEXT
        P%=P%+1
          IF P%>L% THEN 320
        GOTO 250
320     GOSUB 60:Z%=0:S%=0:GOSUB 50
        ANP%=0
        I%=1
520       IF LI%(I%)=N% THEN ANP%=ANP%+1
        I%=I%+1
          IF LI%(I%)<>0 THEN 520
540     PRINT "** ANZAHL PFADE:";ANP%

550     '---------------- Pfadaufbau ---------------------
        P%=0
        FOR K%=1 TO N%
            IF AM%(1,K%)=1 THEN P%=P%+1:NP%(P%)=NP%(P%)+1:PF%(P%,1)=K%
        NEXT K%
600     '---------------- Pfad konstruieren --------------
        K%=1
        J%=1:FLAG%=0
615     FOR L%=1 TO N%
           IF AM%(PF%(K%,J%)+1,L%)=1 AND FLAG%=1 THEN GOSUB 750
           IF AM%(PF%(K%,J%)+1,L%)=1 AND FLAG%=0 THEN GOSUB 800
        NEXT
        J%=J%+1
          IF J%<=NP%(K%) THEN FLAG%=0:GOTO 615
        K%=K%+1
          IF K%<=P% THEN FLAG%=0:J%=NP%(K%):GOTO 615
        GOSUB 860
        GOTO 10000
        '--------------------------------------------------

750     '----------------- Duplizieren -------------------
        P%=P%+1
        FOR I%=1 TO NP%(K%)-1
            PF%(P%,I%)=PF%(K%,I%)
        NEXT
        NP%(P%)=NP%(K%):PF%(P%,NP%(P%))=L%
        RETURN

800     '----------------- Anhängen ----------------------
        NP%(K%)=NP%(K%)+1:PF%(K%,NP%(K%))=L%:FLAG%=1
        RETURN
```

```
860     '----------------- Pfade listen ------------------
        FOR JJ%=1 TO 10
           IF PF%(JJ%,1)=0 THEN 890
          PRINT "Pfad";JJ%;": 0 -";
           FOR II%=1 TO 10
              IF PF%(JJ%,II%)<>0 THEN PRINT PF%(JJ%,II%);"-";
           NEXT
           PRINT "End"
890     NEXT
        RETURN

1000    '------------------ Systemzustand -----------------
        I%=1
           FLAG%=0
1030       FOR K%=1 TO NP%(I%)
              IF ZE%(PF%(I%,K%))=0 THEN K%=NP%(I%):FLAG%=1
           NEXT K%
            IF FLAG%=0 THEN NI%=NI%+1:PRINT "SYS OK !":RETURN
        I%=I%+1
           IF I%<=P% THEN 1030
        ND%=ND%+1                                          '++ SYSTEM DEFEKT
        PRINT "SYS DEFEKT!"
        RETURN

2000    '----------------- Matrix lesen --------------------
        Z%=0:S%=0:GOSUB 50:PRINT SPACE$(50):GOSUB 50
        INPUT "Matrix-Name:";NAM$
        OPEN "I",#1,NAM$
          INPUT#1,N%
          FOR I%=1 TO N%
            FOR J%=1 TO N%
              INPUT#1,AM%(I%,J%)
            NEXT
          NEXT
        CLOSE #1
        GOTO 120

2100    '----------------- Matrix schreiben ----------------
        GOSUB 50:PRINT SPACE$(50):GOSUB 50
        INPUT "Matrix-Name:";NAM$
        OPEN "O",#1,NAM$
          PRINT#1,N%
          FOR I%=1 TO N%
            FOR J%=1 TO N%
              PRINT#1,AM%(I%,J%)
            NEXT
          NEXT
        CLOSE #1
        GOTO 200

10000   'SIMULATION

        'Typen  ET%=1  Ausfall
        '             2  Reparatur
```

3 Simulationsende

```
        'Zeiten EZ      Eintrittszeiten
        'Element Nummer: EN%(I%)
        'Kanal Nummer  : EK%(I%)
        'Warteschlange  WA%(I%) Nummer des wartenden Elements
        '               WZ(I%)  Zeitpunkt des Eintritts in WS
        '               WS%     Anzahl Wartender

        'Freizeit Kanal TR(I%)
        'Wartezeit Kan. WR(I%)   <<S% Stichprobe WRM(I%) Mittelwert
        'Wartezeit Ele. WE(I%)   <<S% Stichprobe WRM(I%) Mittelwert
        'Leistung Kanal LR%(I%)    Durchsatz Reparaturen
        'Zustände       ZR%(I%)=0/1 Reparaturkanal I% frei/belegt
        '               ZE%(I%)=1/0 Element I% ok/defekt
        '------------ DATEN ------------------------------------------
        INPUT "ta:";TA                 'mittlere Ankünfte
        INPUT "sa:";SA
        INPUT "tb:";TB                 'mittlere Reparaturzeit
        INPUT "sb:";SB
        AN%=N%-1
        INPUT "ANZAHL REPARAT.:";AR%
        INPUT "SIM-ENDE:";SE
        INPUT "LISTE=1";LI$
        PRINT CHR$(27)+CHR$(69);"Ankunft:";TA;TB;" Reparatur:";TB;SB;
        PRINT " Ende";SE
        PRINT "Anzahl Elemente:";AN%;" Anzahl Kanäle:";AR%
        TT$=TIME$

10310   '---------------- ANFANGSZUSTAND ---------------------
        FOR I%=1 TO 50
          ET%(I%)=0:EZ(I%)=0:EN%(I%)=0
        NEXT
        FOR I%=1 TO 100
          WA%(I%)=0:WZ(I%)=0
        NEXT
        FOR I%=1 TO AN%
          GOSUB 11220:EZ(I%)=T:ET%(I%)=1:EK%(I%)=I%
        NEXT
        NS%=0
        FOR I%=1 TO AN%+1
          ZE%(I%)=1
        NEXT
        EZ(AN%+1)=SE:ET%(AN%+1)=3:SYSZU%=1

10390   '-------------- 1.Ereignis holen ---------------------
10400   PRINT CHR$(27)+CHR$(89)+CHR$(34)+CHR$(32);"Zustände:";
        FOR I%=1 TO AN%
          PRINT ZE%(I%);
        NEXT
        PRINT USING "  t=####.###";TIM
          IF LI$="1" THEN GOSUB 11270
10420   NE%=0:TIM=SE
10430   FOR I%=1 TO 50
```

```
10440     IF EZ(I%)<>0 AND EZ(I%)<TIM THEN TIM=EZ(I%):NE%=I%
10450   NEXT
10460   '-------- NE% nächste Ereignis zum Zeitpunkt TIM -----
          IF LI$<>"1" THEN 10510
        PRINT "Nächste Ereignis:";TIM;
          IF ET%(NE%)=1 THEN PRINT "Ausfall von ";EK%(NE%):GOTO 10570
          IF ET%(NE%)=2 THEN PRINT "Reparaturende ";EN%(NE%):GOTO 10770
          IF ET%(NE%)=3 THEN 11000
10540   '-------- Falscher Typ --------------------------------
        GOTO 11000

10570   '-------- Element Nummer EK%(NE%) zu TIM ausgefallen --
10580   NR%=0:ZE%(EK%(NE%))=0:GOSUB 1000:NS%=NS%+1
          IF SYSZU%=0 THEN 10590
        SYSZU%=0:SYM=TIM
10590   FOR I%=1 TO AR%                           '1.freie Kanal suchen  NR%
          IF ZR%(I%)=0 THEN NR%=I%:I%=AR%
        NEXT
          IF NR%=0 THEN GOTO 10710
        ZR%(NR%)=1:GOSUB 11250                    'Reparaturzeit generieren
        FOR I%=1 TO 50                            'In E-Liste
          IF EZ(I%)=0 THEN EK%(I%)=EK%(NE%):EN%(I%)=NR%:EZ(I%)=TIM+T:ET%(I%)=2:I%
        NEXT
        LR%(NR%)=LR%(NR%)+1:NI%(NR%)=NI%(NR%)+1          'Statistik
        WR(NR%)=WR(NR%)+TIM-TR(NR%)
        WRM(NR%)=WRM(NR%)+TIM-TR(NR%):GOTO 10740
10700   '
10710   '-------- Alle Kanäle belegt --  Element in Warteschlange -----
        WS%=WS%+1
        WA%(WS%)=EK%(NE%):WZ(WS%)=TIM
10740   '-------- Ereignis aus Liste löschen --------------------------
        EN%(NE%)=0:EZ(NE%)=0:ET%(NE%)=0:EK%(NE%)=0
        GOTO 10390

10770   '-------- Reparaturende bei Kanal EN%(NE%) zu TIM -------------
        ZE%(EK%(NE%))=1                                  'Element intakt
        GOSUB 1000:NS%=NS%+1
          IF FLAG%=1 THEN SYT=SYT+TIM-SYM
          IF FLAG%=0 THEN SYSZU%=1
          IF WS%=0 THEN ZR%(EN%(NE%))=0:TR(EN%(NE%))=TIM:GOTO 10940 'WS leer

10800   '-------- nächste Reparatur aus WS übernehmen WA%(1),WZ(1) -------
        LR%(EN%(NE%))=LR%(EN%(NE%))+1
        GOSUB 11250                               'Reparaturzeit generieren
        FOR I%=1 TO 50                            'In E-Liste
          IF EZ(I%)=0 THEN EK%(I%)=WA%(1):EN%(I%)=EN%(NE%):EZ(I%)=TIM+T:ET%(I%)=2
        NEXT
        MI%(WA%(1))=MI%(WA%(1))+1                 'Statistik
        WE(WA%(1))=WE(WA%(1))+TIM-WZ(1)
        WEM(WA%(1))=WEM(WA%(1))+TIM-WZ(1)
10890   '-------- WS Updating -----------------------------------------
        FOR I%=2 TO WS%+1
          WA%(I%-1)=WA%(I%):WZ(I%-1)=WZ(I%)
        NEXT
```

```
      WS%=WS%-1
      GOSUB 11220                                    'Nächste Ausfall generieren
      FOR I%=1 TO 50                                 'In E-Liste
        IF EZ(I%)=0 THEN EN%(I%)=0:EK%(I%)=EK%(NE%):EZ(I%)=TIM+T:ET%(I%)=1:I%=5
      NEXT
0970  '--------- Ereignis aus Liste löschen ------------------------
      EN%(NE%)=0:EZ(NE%)=0:ET%(NE%)=0:EK%(NE%)=0
      GOTO 10390

1000  '--------- Simulationsende ------------------------------------
      '--------- Auswertung     ------------------------------------
      PRINT "SYSTEMAUSFALL: ";SYT;" von ";TIM;" =";SYT/TIM*100;:INPUT X$
      PRINT "AUSFALL=";ND%/NS%*100;"%  INTAKT=";NI%/NS%*100;"%";:INPUT X$
      PRINT "WARTEZEITEN:"
      FOR I%=1 TO AN%
        PRINT USING " ###.##";WE(I%);
      NEXT
      PRINT
      P=WE(I%)
      PRINT "Laufzeit :";TT$;" - ";TIME$
      PRINT "Elemente                         Kanäle"
      PRINT "=========================================================="
      FOR I%=1 TO AN%
        PRINT USING " ##";I%;:PRINT USING "  WZ ####.## % ";WEM(I%)/TIM*100;
        PRINT USING "           ##";I%;
        PRINT USING "  LZ ####.## % ";WRM(I%)/TIM*100;
        PRINT USING " ###";LR%(I%);
          IF LR%(I%)<>0 THEN PRINT USING "    ###.###";(TIM-WRM(I%))/LR%(I%) ELS
      NEXT
1200  END

1220  'Zufallsgeneratoren (Normalverteilung Mittelwert TA, Standard-
      '                                     abweichung SA
      R=0
      FOR M%=1 TO 12
        R=R+RND
      NEXT
      R=R-6:T=TA+R*SA
      RETURN

1250  'Zufallsgeneratoren (Normalverteilung Mittelwert TB, Standard-
      '                                     abweichung SB
      R=0
      FOR M%=1 TO 12
        R=R+RND
      NEXT
      R=R-6:T=TB+R*SB
      RETURN

1270  'E-LISTE
      PRINT "Ereignisliste/Warteschlange:"
      PRINT "  Zeit   Element    Kanal    Typ   :   Wartend  Wartebeginn"
      PRINT "=========================================================="
      FOR K%=1 TO 50
```

```
           IF EZ(K%)=0 THEN 11410
          PRINT USING "####.##";EZ(K%);:PRINT USING "     ##";EK%(K%);
          PRINT USING "         ##";EN%(K%);:PRINT USING "        #";ET%(K%);
           IF WA%(K%)=0 THEN 11370
          PRINT USING "                ##";WA%(K%);:PRINT USING "   ####.##";WZ(K%
11370     PRINT
         NEXT
11380    INPUT "**";X$
         RETURN

11410      IF WA%(K%)=0 THEN 11380
         PRINT "                          ";:GOTO 11360
         '----------------------------------------------------------------------------------
```

```
10      '*******************************************************************
        '* G R A P H I K - E D I T O R              Vers 2.1  3/3/85  *
        '*   G R E D                                                  *
        '*******************************************************************

        MALI%=400:MAEL%=400:MATE%=50:MACI%=75          'MAXIMALZAHLEN
        DIM NX%(4),NY%(4),TEX(50),TEY(50),TE$(50),LIX0(400),LIY0(400)
        DIM LIX1(400),LIY1(400),CIRX(75),CIRY(75),CIRAD(75),ENN%(400)
        DIM ELN%(400),ELT%(400),PU(100,4),LNUM%(100),BO(20,7),FLX(75)
        DIM FLY(75),FTY%(75)
        WIDTH 255
        E$=CHR$(27)+"5":EMA%=1:LMA%=1
        GOTO 1000

100     '******************** grafik-routinen ************************

120     PRINT E$+"A",WSCR%:RETURN                  '++ SELECT WORK SCREEN
122     PRINT E$+"B",DSCR%:RETURN                  '++ SELECT DISPLAY SCREEN
124     PRINT E$+"C":RETURN                        '++ SET SUPERSCRIPT
126     PRINT E$+"D":RETURN                        '++ RESET SUPERSCRIPT
128     PRINT E$+"E":RETURN                        '++ SET SUBSCRIPT
130     PRINT E$+"F":RETURN                        '++ RESET SUBSCRIPT
132     PRINT E$+"G":RETURN                        '++ SET DOUBLE SIZE
134     PRINT E$+"H":RETURN                        '++ RESET DOUBLE SIZE
136     PRINT E$+"I",X%,Y%:RETURN                  '++ DEFINE SCREEN WINDOW
138     PRINT E$+"J":RETURN                        '++ SET INVERT CHAR/DIRECTION
140     PRINT E$+"K":RETURN                        '++ RESET INVERT CHAR/DIRECT.
142     PRINT E$+"L",PAT%:RETURN                   '++ SELECT FILL PATTERN 0-8
144     PRINT E$+"M":RETURN                        '++ FILL REGION
146     PRINT E$+"N",X%,Y%:RETURN                  '++ FILL BAR
148     PRINT E$+"O",LMAR%:RETURN                  '++ SET LEFT MARGIN
150     RULO%=RUL%:RUL%=3:GOSUB 168
        PRINT E$+"P",RAD%:RETURN                   '++ DRAW CIRCLE
152     GOSUB 320:PRINT E$+"Q",X%,Y%
        GOSUB 330:RETURN                           '++ POSITION CURSOR ABS
154     PRINT E$+"R",X%,Y%:RETURN                  '++ POSITION CURSOR RELATIV
156     PRINT E$+"S",WDW$:RETURN                   '++ SAVE WINDOW WDW$
158     PRINT E$+"T"WDW$:RETURN                    '++ LOAD WINDOW WDW$
160     RULO%=RUL%:RUL%=3:GOSUB 168
        GOSUB 320:PRINT E$+"U",X%,Y%:GOSUB 330
161     RUL%=RULO%:GOSUB 168                       '++ DRAW LINE ABS
162     PRINT E$+"V",SCR%:RETURN                   '++ MOVE WINDOW TO SCREEN SCR
164     PRINT E$+"W",SCR%:RETURN                   '++ MOVE SCREEN
168     PRINT E$+"X",RUL%:RETURN                   '++ SET COMBINAT. RULE(0-15)
170     PRINT E$+"Y",LW%:RETURN                    '++ SET LINE WIDTH 1,2,4,6
172     PRINT E$+"Z",LT%:RETURN                    '++ SET LINE TYPE 1-5
174     PRINT CHR$(27)+"ü";
        PRINT E$+"a";CH$:BR$=""                    '++ GET CHAR WIDTH CH$
175     BR$=BR$+INPUT$(1)
        IF RIGHT$(BR$,1)<>CHR$(13) THEN 175 ELSE PRINT CHR$(27)+"ä";:RETURN
176     PRINT E$+"b":RETURN                        '++ GET DOT 1=ON,0=OFF
178     PRINT E$+"c",DOT%:RETURN                   '++ SET DOT DOT%=0/1
180     PRINT E$+"d":RETURN                        '++ INITIALIZE
182     PRINT E$+"e",X%,Y%,B%,H%:RETURN            '++ GET WINDOW
```

```
184    PRINT E$+"f",X%,Y%:RETURN                    '++ DRAW LINE RELATIV
188    PRINT E$+"h";RAD%,X1%,Y1%,X2%,Y2%:RETURN '++ DRAW ARC
190    PRINT E$+"iA:"CTYP$:RETURN                   '++ SELECT CHAR SET
192    PRINT E$+"j":RETURN                          '++ GET WORK SCREEN NUMBER
194    PRINT E$+"k":RETURN                          '++ GET DISPLAY SCREEN NUMB
196    PRINT E$+"l":RETURN                          '++ GET CHAR HEIGHT
198    PRINT E$+"m":RETURN                          '++ DEFINE USER CURSOR
200    PRINT E$+"n":RETURN                          '++ DEFINE USER FILL PATTERN
202    PRINT E$+"o":RETURN                          '++ GET CHAR SET TYPE
204    PRINT E$+"p";TX$:RETURN                      '++ PRINT TEXT TX$
206    PRINT E$+"q":RETURN                          '++ ENABLE CURSOR
208    PRINT E$+"r":RETURN                          '++ DISPLAY CURSOR
210    PRINT E$+"s":RETURN                          '++ ENABLE SHADOW PRINT
212    PRINT E$+"t":RETURN                          '++ DISABLE SHADOW PRINT
214    PRINT E$+"u":RETURN                          '++ GET GRAFIX CURSOR
216    PRINT E$+"v":RETURN                          '++ ENTER INVERS VIDEO
218    PRINT E$+"w":RETURN                          '++ RESET INVERS VIDEO
220    PRINT E$+"x",CT%:RETURN                      '++ SELECT CURSOR TYPE 0-3
222    PRINT E$+"y":RETURN                          '++ SET UNDERLINE MODE
224    PRINT E$+"z":RETURN                          '++ RESET UNDERLINE MODE
226    PRINT E$+"0":RETURN                          '++ SAVE GRAFIC CURSOR POSIT.
228    PRINT E$+"1":RETURN                          '++ RETURN TO CURSOR POSITION
230    PRINT E$+"2":RETURN                          '++ CLEAR SCREEN
232    PRINT E$+"3":RETURN                          '++ SET NORMAL MODE
234    PRINT E$+"4":RETURN                          '++ SET GRAFIC MODE
236    PRINT E$+"9":RETURN                          '++ TOGGLE TEXT WINDOW SCREEN
238    PRINT E$+"?":RETURN                          '++ SCREEN DUMP
239    PRINT E$+"Q",X%,Y%:RETURN
240    RUL0=RUL:RUL%=3:GOSUB 168:PRINT E$+"U",X%,Y%
241    RUL%=RUL0%:GOSUB 168:RETURN                  '++ DRAW LINE ABSOLUT
242    PRINT E$+"U",X%,Y%
270    '++++++++++++++++++++++++++++++++++++++++++++++++++++++++++++++++++

       '++++++++++++ Hauptprogramm ++++++++++++++++++++++++++++++++++++++++
300    PRINT CHR$(27)+CHR$(89)+CHR$(32)+CHR$(32);:RETURN
310    PRINT CHR$(27)+CHR$(89)+CHR$(33)+CHR$(32);:PRINT SPACE$(70)
312    PRINT CHR$(27)+CHR$(89)+CHR$(33)+CHR$(32);:RETURN

320    '------------ Bildschirmausschnitt skalieren ---------------------
       PFLAG%=0:IF XX<XX00 THEN XX=XX00:PFLAG%=1
         IF XX>XX00+B2% THEN XX=XX00+B2%:PFLAG%=1
         IF YY<YY00 THEN YY=YY00:PFLAG%=1
         IF YY>YY00+H2% THEN YY=YY00+H2%:PFLAG%=1
       XX1=F*(XX-XX00)+NX%(1):YY1=NY%(1)-2*F*(YY-YY00)/3
       XX2=XX1-INT(XX1):YY2=YY1-INT(YY1)
       X%=INT(XX1):Y%=INT(YY1)
       IF XX2>.5 THEN X%=X%+1
       IF YY2>.5 THEN Y%=Y%+1
       RETURN

330    '------------- Position des Cursors anzeigen --------------------
       PRINT CHR$(27)+CHR$(89)+CHR$(32)+CHR$(32);
       PRINT USING "Pos:####.#";XX;:PRINT USING "/####.#";YY
       RETURN
```

```
340     '------------- 1.Freie Linien-Nummer suchen ----------LMA---------
        LN%=0
        FOR II%=1 TO MALI%
          IF LIX0(II%)=0 AND LIY0(II%)=0 AND LIX1(II%)=0 AND LIY1(II%)=0 THEN LN%
        NEXT
          IF LN%=0 THEN INPUT "L-Array Overflow";X$:END
        LMA%=LN%
        RETURN

360     '------------ Bildschirmrahmen und Funktionstastenbelegung --------
        XS%=X%:YS%=Y%:X%=175:Y%=302:GOSUB 239:CTYP$="SMALL":GOSUB 190
361     TX$="1=Sichern:2=Copy:3=Linie:4=Fix:5=Struktur:6=Fuell:7=Kreis:8=Sprung:
        GOSUB 204:TX$=" B="+STR$(B1%)+" H="+STR$(H1%)+" ":GOSUB 216
        GOSUB 204:GOSUB 218:CTYP$="NORMAL":GOSUB 190
        GOSUB 152
        RETURN

370     X%=175:Y%=302:GOSUB 239:CTYP$="SMALL":GOSUB 190
        TX$="1 =BuSatz: 2 =Invert: 3 =Fett: 4 =Unter: 5 =Dim: 6 =Vert: 7=  : 8= 
        GOSUB 204:GOSUB 216:TX$=" B="+STR$(B1%)+" H="+STR$(H1%)+" "
        GOSUB 204:GOSUB 218:CTYP$="NORMAL":GOSUB 190
        RETURN


1000    '------------- Start Hauptprogramm -----------------------------
        GOSUB 234:GOSUB 180:GOSUB 230:X%=0:Y%=0:GOSUB 239:X%=799
        GOSUB 240:Y%=300
        GOSUB 240:X%=0:GOSUB 240:Y%=0:GOSUB 240:STRI%=0:GTYP%=1
        XX00=0:YY00=0:ZFLAG%=0:GOSUB 360
1002    GOSUB 310:INPUT "Breite:";B%:GOSUB 310:INPUT " Höhe:";H%
          IF B%=0 THEN B%=800
          IF H%=0 THEN H%=450
        B2%=B%:H2%=H%:B1%=B%:H1%=H%
        R1=800/B1%:R2=450/H1%:F=R1
          IF R2<R1 THEN F=R2
          IF R1<R2 THEN EX%=0:EY%=INT((300-H%*F*2/3)/2) ELSE EX%=INT((800-B%*F)/
        NX%(1)=EX%:NY%(1)=300-EY%:NX%(2)=800-EX%:NY%(2)=NY%(1)
        NX%(3)=NX%(2):NY%(3)=EY%:NX%(4)=NX%(1):NY%(4)=NY%(3)
        X%=0:Y%=300:GOSUB 239:GOSUB 216:TX$="GRAFIK":GOSUB 204:GOSUB 218
        DX=1:DY=1:GOSUB 360
        CTYP$="NORMAL":GOSUB 190
        X%=NX%(1):Y%=NY%(1):GOSUB 239
        FOR I%=1 TO 4
          X%=NX%(I%):Y%=NY%(I%):GOSUB 240
        NEXT
        X%=NX%(1):Y%=NY%(1):GOSUB 240
          IF EY%<> 0 THEN X%=10:Y%=EY%/2:GOSUB 239:GOSUB 144:Y%=300-EY%/2:GOSUB
          IF EX%<>0 THEN X%=EX%/2:Y%=10:GOSUB 239:GOSUB 144:X%=800-EX%/2:GOSUB 2
        XX=XX00:YY=YY00
        GOSUB 152:GOSUB 234:CT%=1:GOSUB 220
        REV%=0:SHP%=0:UND%=0:XX$="":YY$="":RIF%=0:RUL%=6:GOSUB 168
          IF ZFLAG%=1 THEN GOSUB 4700
          IF ZFLAG%=2 THEN GOSUB 4850
```

```
      '--------------- Zeichen von Tastatur lesen ------------------
60    EIN$=INKEY$:IF LEN(EIN$)=0 THEN 1060
      A%=ASC(EIN$)
      '--------------- Logische Verzweigung entsprechend Typ --------
        IF GTYP%=0 AND A%>31 AND A%<128 THEN 1420
        IF GTYP%=1 AND EIN$="*" THEN 4000
        IF GTYP%=1 AND EIN$="L" THEN 3500
        IF GTYP%=1 AND EIN$="Z" THEN 4100
        IF GTYP%=1 AND EIN$="O" THEN 4800
        IF GTYP%=1 AND EIN$="C" THEN GOSUB 3600:GOTO 1000
        IF GTYP%=1 AND EIN$="?" THEN GOSUB 3300
        IF GTYP%=1 AND EIN$="!" THEN GOSUB 3400
        IF GTYP%=1 AND EIN$="B" THEN GOTO 3700
        IF GTYP%=1 AND EIN$="H" THEN GOSUB 9000
        IF GTYP%=1 AND EIN$="N" THEN XX=XX00:YY=YY00:GOSUB 152
        IF A%=35 AND GTYP%=1 THEN GTYP%=0:TX$="TEXT  ":GOSUB 1400:GOSUB 360:GOS
        IF A%=35 AND GTYP%=0 THEN GTYP%=1:TX$="GRAFIK":GOSUB 1400:STRI%=0:TX$="
        IF A%=249 AND STRI%=0 THEN STRI%=1:TX$="STRICH":GOSUB 1410:GOSUB 1950:G
        IF A%=249 AND STRI%=1 THEN STRI%=0:TX$="MOVE  ":GOSUB 1410:GOTO 1060
        IF A%=241 AND GTYP%=1 THEN GOSUB 1500
        IF A%=242 THEN GOSUB 238
        IF A%=83 AND GTYP%=1 THEN GOSUB 310:LINE INPUT "Schrittweite :";SW$:DX=
        IF A%=83 AND GTYP%=1 AND DX=0 THEN DX=1:DY=1:GOTO 1060
        IF A%=247 AND GTYP%=1 THEN GOSUB 310:LINE INPUT "Radius :";RAD$
        IF A%=247 AND RAD$<>"" THEN RAD%=INT(2*F*VAL(RAD$)/3)
        IF A%=247 THEN GOSUB 150:GOSUB 1970:GOTO 1060
        IF A%=246 AND GTYP%=1 THEN GOSUB 144:FIN%=FIN%+1:FLX(FIN%)=XX:FLY(FIN%)
        IF A%=244 AND GTYP%=1 THEN GOSUB 1950
        IF A%=243 AND GTYP%=1 THEN XS%=X%:YS%=Y%:X%=XL%:Y%=YL%:GOSUB 240:X%=XS%
        IF GTYP%=1 AND EIN$="E" THEN 3000
        IF GTYP%=1 AND EIN$>="0" AND EIN$<="9" THEN 1600
        IF GTYP%=1 AND EIN$="/" OR EIN$="-" THEN 1600
        IF A%=245 AND GTYP%=1 THEN GOSUB 310:LINE INPUT "Texture  :";PAT$:PAT%=
        IF A%=17 AND GTYP%=0 THEN GOSUB 124:TE$(TN%)=TE$(TN%)+CHR$(130):GOTO 1(
        IF A%=17 AND GTYP%=1 AND STRI%=0 THEN YY=YY+DY:GOSUB 152
        IF A%=17 AND GTYP%=1 AND STRI%=1 THEN 2000
        IF A%=18 AND GTYP%=0 THEN GOSUB 126:TE$(TN%)=TE$(TN%)+CHR$(130):GOTO 1C
        IF A%=18 AND GTYP%=1 AND STRI%=0 THEN YY=YY-DY:GOSUB 152
        IF A%=18 AND GTYP%=1 AND STRI%=1 THEN 2020
        IF A%=241 AND GTYP%=0 THEN GOSUB 310:LINE INPUT "CHAR-TYP(V=Verzeichnis
        IF A%=241 AND GTYP%=0 THEN GOSUB 190:TE$(TN%)=TE$(TN%)+CHR$(137)+CTYP$+
        IF A%=242 AND GTYP%=0 THEN GOSUB 1340
        IF A%=243 AND GTYP%=0 THEN GOSUB 1360
        IF A%=244 AND GTYP%=0 THEN GOSUB 1380
        IF A%=245 AND GTYP%=0 THEN GOSUB 1395
        IF A%=246 AND GTYP%=0 THEN GOSUB 1397
        IF A%=8 THEN X%=X%-VAL(BR$):GOSUB 152:EIN$=TXL$:GOSUB 204:GOTO 1060
        IF A%=27 THEN GOSUB 232:END
        IF A%=20 AND GTYP%=1 AND STRI%=0 THEN XX=XX+DX:GOSUB 152
        IF A%=22 AND GTYP%=1 AND STRI%=0 THEN XX=XX-DX:GOSUB 152
        IF A%=20 AND GTYP%=1 AND STRI%=1 THEN 2040
        IF A%=22 AND GTYP%=1 AND STRI%=1 THEN 2060
       GOTO 1060
```

```
        '---------------- Textdarstellungen --------------------------------
1340    IF REV%=0 THEN GOSUB 216:REV%=1:TE$(TN%)=TE$(TN%)+CHR$(132):RETURN
1350    IF REV%=1 THEN GOSUB 218:REV%=0:TE$(TN%)=TE$(TN%)+CHR$(132):RETURN
1360    IF SHP%=0 THEN GOSUB 210:SHP%=1:TE$(TN%)=TE$(TN%)+CHR$(133):RETURN
1370    IF SHP%=1 THEN GOSUB 212:SHP%=0:TE$(TN%)=TE$(TN%)+CHR$(133):RETURN
1380    IF UND%=0 THEN GOSUB 222:UND%=1:TE$(TN%)=TE$(TN%)+CHR$(134):RETURN
1390    IF UND%=1 THEN GOSUB 224:UND%=0:TE$(TN%)=TE$(TN%)+CHR$(134):RETURN
1395    IF SCAL%=0 THEN GOSUB 132:SCAL%=1:TE$(TN%)=TE$(TN%)+CHR$(135):RETURN
1396    IF SCAL%=1 THEN GOSUB 134:SCAL%=0:TE$(TN%)=TE$(TN%)+CHR$(135):RETURN
1397    IF VER%=0 THEN GOSUB 138:VER%=1:TE$(TN%)=TE$(TN%)+CHR$(136):RETURN
1398    IF VER%=1 THEN GOSUB 140:VER%=0:TE$(TN%)=TE$(TN%)+CHR$(136):RETURN
1400    XS%=X%:YS%=Y%:X%=0:Y%=300:GOSUB 239:CTYP$="NORMAL":GOSUB 190:RUL%=3
        GOSUB 168:REV%=0:SHP%=0:UND%=0:SCAL%=0:VER%=0
        GOSUB 218:GOSUB 212:GOSUB 224:GOSUB 134:GOSUB 140
        GOSUB 216:GOSUB 204:GOSUB 218:X%=XS%:Y%=YS%:GOSUB 239
        RUL%=6:GOSUB 168:RETURN
1410    XS%=X%:YS%=Y%:X%=100:Y%=300:GOSUB 239:CTYP$="NORMAL":GOSUB 190
        RUL%=3:GOSUB 168:GOSUB 216:GOSUB 204:GOSUB 218:X%=XS%:Y%=YS%
        GOSUB 239:RUL%=6:GOSUB 168:RETURN

1420    '----------------- Buchstaben -------------------------------------
          IF A%=35 THEN 1080
        TX$=EIN$
          IF A%<>32 THEN CH$=TX$:GOSUB 174
        TXL$=TX$:TE$(TN%)=TE$(TN%)+TX$
        GOSUB 204:X%=X%+VAL(BR$)
          IF SCAL%=1 THEN X%=X%+VAL(BR$)
        GOSUB 239:GOTO 1060

1499    '----------------- Screen-Inhalt aus/in Datei ------------------
1500    GOSUB 310:PRINT "Screen S)ichern , L)esen , I)nhalt :";
1502    EIN$=INKEY$:IF LEN(EIN$)=0 THEN 1502
          IF EIN$=CHR$(13) THEN GOSUB 310:PRINT SPACE$(40):GOSUB 152:GOTO 1060
          IF EIN$<>"S" AND EIN$<>"L" AND EIN$<>"I" THEN GOTO 1500
        PRINT EIN$
          IF EIN$="I" THEN 1550
        GOSUB 310:LINE INPUT "Name:";NAM$
          IF EIN$="S" THEN GOSUB 8000
          IF EIN$="L" THEN GOSUB 8500:GOSUB 4850
        GOTO 1060

        '----------------- Datei - Inhaltsverzeichnis ---------------
1550    GOSUB 232:PRINT "                 ++++++  Inhaltsverzeichnis ++++++"
        PRINT:FILES "*.BLD"
        INPUT "   Ende  * ";X$
        GOSUB 234:GOTO 1500

1600    '----------------- Cursor - Positionierung über Koordinaten --------
        GOSUB 310
        XX$=XX$+EIN$:PRINT EIN$;
          IF EIN$="/" THEN 1660
1620    EIN$=INKEY$:IF LEN(EIN$)=0 THEN 1620
          IF ASC(EIN$)=13 THEN 1650
```

```
          IF EIN$="/" THEN PRINT EIN$;:GOTO 1660
          IF (EIN$<"0" OR EIN$>"9") AND (EIN$<>"." AND EIN$<>"-") THEN 1620
        XX$=XX$+EIN$:PRINT EIN$;:GOTO 1620
        XX=XX+VAL(XX$):XX$="":GOSUB 152:GOTO 1060
1660      IF RIGHT$(XX$,1)="/" THEN XX$=LEFT$(XX$,LEN(XX$)-1)
          IF VAL(XX$)<>0 THEN XX=XX+VAL(XX$)
1670    YY$="":XX$=""
1680    EIN$=INKEY$:IF LEN(EIN$)=0 THEN 1680
          IF ASC(EIN$)=13 THEN 1690
          IF (EIN$<"0" OR EIN$>"9") AND (EIN$<>"." AND EIN$<>"-") THEN 1680
        YY$=YY$+EIN$:PRINT EIN$;:GOTO 1680
1690      IF VAL(YY$)<>0 THEN YY=YY+VAL(YY$)
1700    GOSUB 152:GOTO 1060

1800    '---------------- Textmode ----------------------------------------
1810    GOSUB 310:PRINT "Text N)eu,S)etzen,L)öschen:";
1812    EIN$=INKEY$:IF LEN(EIN$)=0 THEN 1812
          IF EIN$=CHR$(13) THEN GOSUB 310:PRINT SPACE$(50):A%=87:GOTO 1090
        PRINT EIN$
1820      IF EIN$<>"N" THEN 1850
        '--------------- Text neu -------------------------------------
1830    FOR I%=1 TO MATE%
          IF TE$(I%)="" THEN TN%=I%:I%=MATE%
        NEXT
        TEX(TN%)=XX:TEY(TN%)=YY
        GOSUB 310:PRINT "Text Nr.:";TN%
        GOTO 1060

        '--------------- Text löschen ---------------------------------
1850      IF EIN$<>"L" THEN 1890
        GOSUB 310:LINE INPUT "Textnummer :";EIN$:N%=VAL(EIN$)
        XX=TEX(N%):YY=TEY(N%):TX$=TE$(N%):GOSUB 152:RUL%=6
        GOSUB 168:II%=N%:GOSUB 4910
        TE$(N%)="":TEX(N%)=0:TEY(N%)=0:GOTO 1060
        '--------------- Text setzen ----------------------------------
1890      IF EIN$<>"S" THEN 1810
        GOSUB 310:LINE INPUT "Textnummer :";EIN$:N%=VAL(EIN$)
        TX$=TE$(N%):GOSUB 152:II%=N%:GOSUB 4910:GOTO 1060

1900    '--------------- Linien,Macro eintragen ----------------------
        GOSUB 239
        LIX1(LN%)=XX:LIY1(LN%)=YY                    'LINIE EINTRAGEN
        ENN%(EN%)=EMN%:ELT%(EN%)=1:ELN%(EN%)=LN%   'LINIE BEI ELEMENT EINTR.
          IF STRI%=1 THEN GOSUB 1960                 'NÄCHSTE STARTPUNKT
        EN%=0
        FOR II%=1 TO MAEL%
          IF ENN%(II%)=0 THEN EN%=II%:II%=MAEL%
        NEXT
          IF EN%=0 THEN INPUT "Array Overflow";X$:END
        EMA%=EN%:GOSUB 340:XL%=X%:YL%=Y%:LIX0(LN%)=XX:LIY0(LN%)=YY
        RETURN

1950    '---------------- 1.Punkt ------------------------------
          IF EFLAG%=1 AND PFLAG%=1 THEN EFLAG%=0:GOTO 1960
```

```
        IF EFLAG%=1 THEN EFLAG%=0
1960    GOSUB 340:XL%=X%:YL%=Y%:XL=XX:YL=YY:LIXO(LN%)=XX:LIYO(LN%)=YY
        RETURN

1970    '---------------- Kreis Eintragen ---------------------
        GOSUB 1985
        CIRX(CN%)=XX:CIRY(CN%)=YY:CIRAD(CN%)=VAL(RAD$)
        ENN%(EN%)=EMN%:ELT%(EN%)=2:ELN%(EN%)=CN%
        GOTO 1940
1985    FOR II%=1 TO MACI%                          '1.FREIE KREIS SUCHEN
          IF CIRAD(II%)=0 THEN CN%=II%:II%=MACI%
        NEXT
        RETURN

2000    '-----------------Freies Zeichnen ----------------------------
          IF RIF%=0 OR RIF%=17 THEN 2010
        GOSUB 1900:RIF%=17
2010    YY=YY+DY:GOSUB 160:GOTO 1060
2020      IF RIF%=0 OR RIF%=18 THEN 2030
        GOSUB 1900:RIF%=18
2030    YY=YY-DY:GOSUB 160:GOTO 1060
2040      IF RIF%=0 OR RIF%=20 THEN 2050
        GOSUB 1900:RIF%=20
2050    XX=XX+DX:GOSUB 160:GOTO 1060
2060      IF RIF%=0 OR RIF%=22 THEN 2070
        GOSUB 1900:RIF%=22
2070    XX=XX-DX:GOSUB 160:GOTO 1060

3000    '------------------ MACRO ---------------------------------
        EFL%=0
3010    GOSUB 310:PRINT "Macro N)eu,D)uplizieren,K)orr,L)öschen: ";
3011    EIN$=INKEY$:IF EIN$="" THEN 3011
          IF EIN$=CHR$(13) THEN 1060
        PRINT EIN$
          IF EIN$<>"K" AND EIN$<>"k" THEN 3020
        GOSUB 310:LINE INPUT "Macro Nr.:";EIN$
        NN%=VAL(EIN$):GOTO 6100
3020      IF EIN$<>"N" AND EIN$<>"n" THEN 3100
        EN%=0
        FOR I%=1 TO MAEL%
          IF ENN%(I%)=0 THEN EN%=I%:I%=MAEL%
        NEXT
3050      IF EN%=0 THEN PRINT "Array Overflow";X$:END
        EMA%=EN%
        GOSUB 310:LINE INPUT "Macro Nr.:";EIN$
        N%=VAL(EIN$)
        FOR I%=1 TO EMA%
          IF ENN%(I%)=N% THEN N%=0:I%=EMA%
        NEXT
          IF N%=0 THEN 3050
        EMN%=N%:EFLAG%=1
          IF EFL%=0 THEN 1060
          IF EFL%=2 THEN 3110
3100      IF EIN$<>"D" AND EIN$<>"d" THEN 3200
```

```
        EFL%=2:GOTO 3030
        GOSUB 310:LINE INPUT "Dupliziere Macro Nr.:";EIN$
        NN%=VAL(EIN$)
        GOSUB 310:LINE INPUT "Skalierungsfaktor (x):";EIN$
        FAX=VAL(EIN$):FAY=FAX
        GOSUB 310:LINE INPUT "Skalierungsfaktor (y):";EIN$
          IF EIN$<>"" THEN FAY=VAL(EIN$)
        GOSUB 310:LINE INPUT "Drehwinkel(Grad):";EIN$
        ALPH=VAL(EIN$):ALPH=(2*3.1415*ALPH)/360
        IN%=0
        FOR I%=1 TO EMA%
          IF ENN%(I%)=NN% THEN IN%=NN%:I%=EMA%
        NEXT
          IF IN%=0 THEN 3000
        XXS=XX:YYS=YY
        FOR I%=1 TO EMA%
          IF ENN%(I%)=NN% AND ELT%(I%)=1 THEN XX0=LIX0(ELN%(I%)):YY0=LIY0(ELN%(I
        NEXT
          IF FAX=0 THEN FAX=1
          IF FAY=0 THEN FAY=1
        GOTO 5000
3200      IF EIN$<>"L" AND EIN$<>"l" THEN 3010
        GOSUB 310:LINE INPUT "Macro Nr.:";EIN$
        EL%=VAL(EIN$)
        RUL%=6:GOSUB 168
        GOSUB 5500:GOSUB 5600
        GOTO 1060

3300    '------------------ Numerierung ----------------------------
        K%=999:CTYP$="SMALL":GOSUB 190:XXS=XX:YY=YYS
        FOR II%=1 TO EMA%
            IF ENN%(II%)=0 THEN 3350
            IF ENN%(II%)=K% THEN 3350
          XX=LIX0(ELN%(II%)):YY=LIY0(ELN%(II%)):GOSUB 320:GOSUB 239
            IF PFLAG%=1 THEN 3350
          TX$="E"+STR$(ENN%(II%))
          K%=ENN%(II%)
3350    NEXT
        CTYP$="NORMAL":GOSUB 190:XX=XXS:YY=YYS:GOSUB 152
        RETURN

3400    K%=999:CTYP$="SMALL":GOSUB 190:XXS=XX:YY=YYS
        FOR II%=1 TO LMA%
            IF LIX0(II%)=0 AND LIY0(II%)=0 AND LIX1(II%)=0 AND LIY1(II%)=0 THEN
          XX=LIX0(II%)+(LIX1(II%)-LIX0(II%))/2
          YY=LIY0(II%)+(LIY1(II%)-LIY0(II%))/2
          GOSUB 320:X%=X%+1:Y%=Y%+1:GOSUB 239
            IF PFLAG%=1 THEN 3450
          TX$="L"+STR$(II%):GOSUB 204
3450    NEXT
        CTYP$="NORMAL":GOSUB 190:XX=XXS:YY=YYS:GOSUB 152
        RETURN

3500    '-------------------- Linien Löschen -------------------------
```

```
        GOSUB 310:PRINT "Linie L)öschen: ";
3520    EIN$=INKEY$:IF LEN(EIN$)=0 THEN 3520
          IF EIN$=CHR$(13) THEN 1060
        PRINT EIN$
3530    GOSUB 310:LINE INPUT "Linie Nr.:";EIN$
        LL%=VAL(EIN$)
        CTYP$="SMALL":GOSUB 190:XXS=XX:YY=YYS
        XX=LIXO(LL%)+(LIX1(LL%)-LIXO(LL%))/2
        YY=LIYO(LL%)+(LIY1(LL%)-LIYO(LL%))/2
        GOSUB 320:X%=X%+1:Y%=Y%+1:GOSUB 239
          IF PFLAG%=1 THEN 3540
        TX$="L"+STR$(LL%):GOSUB 204
3540    GOSUB 5300:GOSUB 5400
        FOR I%=1 TO EMA%
          IF ELN%(I%)=LL% THEN ENN%(I%)=0:ELN%(I%)=0:ELT%(I%)=0:I%=EMA%
3550    NEXT
        CTYP$="NORMAL":GOSUB 190:XX=XXS:YY=YYS:GOSUB 152:GOTO 1060

3600    '------------- Listen Löschen --------------------
        FOR I%=1 TO MAEL%
          ENN%(I%)=0:ELN%(I%)=0:ELT%(I%)=0
        NEXT
        FOR I%=1 TO MALI%
          LIXO(I%)=0:LIYO(I%)=0:LIX1(I%)=0:LIY1(I%)=0
        NEXT
        FOR I%=1 TO MACI%
          CIRX(I%)=0:CIRY(I%)=0:CIRAD(I%)=0
        NEXT
        FOR I%=1 TO MATE%
          TEX(I%)=0:TEY(I%)=0:TE$(I%)=""
        NEXT
        EMA%=1:LMA%=1
        RETURN
3700    '------------------ BOGEN ----------------------------
        RUL%=3:GOSUB 168
        X1=XL:Y1=YL:X2=XX:Y2=YY
        GOSUB 310:LINE INPUT "Bogenradius: ";RAD$
        RAD=VAL(RAD$)
          IF RAD<0 THEN RAD=-RAD:X2=XL:Y2=YL:X1=XX:Y1=YY
          IF RAD=0 THEN RAD=ABS(X2-X1)
        XA=RAD^2-((X2-X1)/2)^2-((Y2-Y1)/2)^2
        XA=SQR(XA)
          IF Y2=Y1 THEN XA=(X2-X1)/2:GOTO 3732
        XA=XA*COS(ATN(-(X2-X1)/(Y2-Y1)))
3732    X0=(X1+X2)/2-XA
          IF Y1=Y2 THEN Y0=Y1-RAD:GOTO 3738
        Y0=-(X2-X1)/(Y2-Y1)*(X0-(X1+X2)/2)+(Y1+Y2)/2
3738    BO%=BO%+1:BO(BO%,1)=RAD:BO(BO%,2)=X1
        BO(BO%,3)=Y1:BO(BO%,4)=X2:BO(BO%,5)=Y2
3740    BO(BO%,6)=X0:BO(BO%,7)=Y0
        FOR I%=1 TO 7
          PRINT BO(BO%,I%);
        NEXT
        PRINT "NR:";BO%;:INPUT X$
```

```
        XX=X0:YY=Y0:GOSUB 320:X0%=X%:Y0%=Y%:GOSUB 239
        XX=X1:YY=Y1:GOSUB 320:X1%=X%:Y1%=Y%:XX=X2:YY=Y2:GOSUB 320
        X2%=X%:Y2%=Y%
3750    RAD%=INT(2*F*RAD/3):RAD=RAD-RAD%
          IF RAD>.5 THEN RAD%=RAD%+1
3760    GOSUB 188:XX=X2:YY=Y2:GOSUB 320:GOSUB 239:GOTO 1060

3800    RAD=BO(I%,1):XX=BO(I%,6):YY=BO(I%,7):GOSUB 320:GOSUB 239
        XX=BO(I%,2):YY=BO(I%,3):GOSUB 320:X1%=X%:Y1%=Y%
        XX=BO(I%,4):YY=BO(I%,5):GOSUB 320:X2%=X%:Y2%=Y%
        RAD%=INT(2*F*RAD/3):RAD=RAD-RAD%
          IF RAD>.5 THEN RAD%=RAD%+1
3840    GOSUB 188
        RETURN

3900    XX=FLX(I%):YY=FLY(I%):GOSUB 320:GOSUB 239:PAT%=FTY%(I%)
        GOSUB 142:GOSUB 144
        RETURN

4000    GOSUB 232:PRINT "L I S T E N *************************************"
        PRINT "M A C R O S"
        FOR I%=1 TO EMA%
          PRINT I%,ENN%(I%),ELN%(I%),ELT%(I%)
        NEXT
        INPUT X$
        PRINT "L I N I E N"
        FOR I%=1 TO LMA%
          PRINT I%,LIX0(I%),LIY0(I%),LIX1(I%),LIY1(I%)
        NEXT
        INPUT X$
        PRINT "K R E I S E"
        FOR I%=1 TO MACI%
          PRINT I%,CIRX(I%),CIRY(I%),CIRAD(I%)
        NEXT
        INPUT X$
        PRINT "T E X T E"
        FOR I%=1 TO MATE%
          PRINT I%,TEX(I%),TEY(I%),TE$(I%)
        NEXT
        FOR I%=1 TO BO%
          FOR J%=1 TO 7
            PRINT BO(I%,J%);
          NEXT
          PRINT
        NEXT
        END

4100    '---------------- ZOOM -------------------------------
        RUL%=6:GOSUB 168:XX=0:YY=0
          IF B1%=0 THEN B1%=B%/4 ELSE B1%=B1%/4
          IF H1%=0 THEN H1%=H%/4 ELSE H1%=H1%/4
        GOSUB 4500
4120    EIN$=INKEY$:IF EIN$="" THEN 4120
          IF EIN$="E" THEN GOSUB 4500:GOTO 1060
```

```
        IF EIN$="S" THEN GOSUB 310:LINE INPUT "Schrittweite:";SW$:DX=VAL(SW$):D
        IF EIN$=CHR$(13) THEN 4200
      A%=ASC(EIN$)
        IF A%<>17 AND A%<>18 AND A%<>20 AND A%<>22 AND EIN$<>"+" AND EIN$<>"-"
      XXS=XX:YYS=YY:B1S%=B1%:H1S%=H1%:GOSUB 4500
        IF A%=17 THEN YY=YY+DY
        IF A%=18 THEN YY=YY-DY
        IF A%=20 THEN XX=XX+DX
        IF A%=22 THEN XX=XX-DX
        IF EIN$="+" THEN B1%=B1%*1.2:H1%=H1%*1.2
        IF EIN$="-" THEN B1%=B1%/1.2:H1%=H1%/1.2
      GOSUB 4500
      GOTO 4120

200   '----------- Neue Dimensionen B1%,H1% AB XX,YY ---------------
      GOSUB 230:X%=0:Y%=0:GOSUB 239:X%=799:GOSUB 240:Y%=300
      GOSUB 240:X%=0:GOSUB 240:Y%=0:GOSUB 240:STRI%=0:GTYP%=1
      ZFLAG%=1:R1=800/B1%:R2=450/H1%:F=R1
        IF R2<R1 THEN F=R2
        IF R1<R2 THEN EX%=0:EY%=INT((300-H1%*F*2/3)/2) ELSE EX%=INT((800-B1%*F)
      XX00=XX:YY00=YY:B2%=B1%:H2%=H1%:GOTO 1010

500   '-------------- Zoom-Rechteck ----------------------------
        IF XX<0 OR YY<0 OR XX+B1%>B% OR YY+H1%>H% THEN XX=XXS:YY=YYS:B1%=B1S%:H
      GOSUB 152:XX=XX+B1%:GOSUB 320:GOSUB 242:YY=YY+H1%:GOSUB 320
      GOSUB 242:XX=XX-B1%:GOSUB 320:GOSUB 242:YY=YY-H1%:GOSUB 320:GOSUB 242
      RETURN

700   '-------------- Gezoomtes Bild ---------------------------
      EFLAG%=1:N%=ENN%(1)
      FOR II%=1 TO EMA%
          IF ENN%(II%)=0 THEN 4750
          IF ELT%(II%)=2 THEN RAD=CIRAD(ELN%(II%)):PU(1,1)=CIRX(ELN%(II%))-RAD:

(1,4)=PU(1,2)+2*RAD:GOTO 4730
        PU(1,1)=LIXO(ELN%(II%)):PU(1,2)=LIYO(ELN%(II%))
        PU(1,3)=LIX1(ELN%(II%)):PU(1,4)=LIY1(ELN%(II%))
730     I%=1:GOSUB 7000 'CLIPPING
          IF CFLAG%=1 THEN 4750
          IF ELT%(II%)=2 THEN XX=PU(I%,1)+RAD:YY=PU(I%,2)+RAD:GOSUB 320:GOSUB 2
740     XX=PU(I%,1):YY=PU(I%,2):GOSUB 320:GOSUB 239
          IF EFLAG%=1 AND PFLAG%=1 THEN EFLAG%=0:GOTO 4745
          IF EFLAG%=1 THEN EFLAG%=0
745     XX=PU(I%,3):YY=PU(I%,4):GOSUB 320:GOSUB 242
          IF ENN%(II%+1)<>N% THEN N%=ENN%(II%+1):EFLAG%=1
750   NEXT
      FOR II%=1 TO FIN%
        XX=FLX(II%):YY=FLY(II%):GOSUB 320
          IF PFLAG%=1 THEN 4756
        GOSUB 239:PAT%=FTY%(II%):GOSUB 142:GOSUB 144
756   NEXT
760   RETURN

800   '----------------Original-Bild --------------------------
      GOSUB 230:X%=0:Y%=0:GOSUB 239:X%=799:GOSUB 240:Y%=300
      GOSUB 240:X%=0:GOSUB 240:Y%=0:GOSUB 240:STRI%=0:GTYP%=1
```

```
       XX00=0:YY00=0:ZFLAG%=2:B1%=B%:B2%=B%:H1%=H%:H2%=H%:GOTO 1003
4850   N%=ENN%(1):EFLAG%=1
       FOR II%=1 TO EMA%
           IF ENN%(II%)=0 THEN 4880
           IF ELT%(II%)=2 THEN 4900
         XX=LIX0(ELN%(II%)):YY=LIY0(ELN%(II%)):GOSUB 320:GOSUB 239
           IF EFLAG%=1 AND PFLAG%=1 THEN EFLAG%=0:GOTO 4870
           IF EFLAG%=1 THEN EFLAG%=0:CTYP$="SMALL":GOSUB 190:TX$="E"+STR$(ENN%(
       CTYP$="NORMAL":GOSUB 190:GOSUB 239
4870     XX=LIX1(ELN%(II%)):YY=LIY1(ELN%(II%)):GOSUB 320:GOSUB 242
4875       IF ENN%(II%+1)<>N% THEN N%=ENN%(II%+1):EFLAG%=1
4880   NEXT
       FOR II%=1 TO MATE%
           IF TE$(II%)="" THEN 4885
         XX=TEX(II%):YY=TEY(II%):GOSUB 320:GOSUB 239:GOSUB 4910
4885   NEXT
       FOR I%=1 TO BO%
         GOSUB 3800
       NEXT
       FOR I%=1 TO FIN%
         GOSUB 3900
       NEXT
4890   XX=XX00:YY=YY00:ZFLAG%=0:GOSUB 152
       RETURN

4900   XX=CIRX(ELN%(II%)):YY=CIRY(ELN%(II%))
       RAD%=INT(2*F*CIRAD(ELN%(II%))/3):GOSUB 320:GOSUB 239
       GOSUB 150:GOTO 4875

4910   '------------- Text ---------------------------------------
       T%=LEN(TE$(II%)):K%=1:REV%=0:SHP%=0:UND%=0:SCAL%=0:VER%=0
       GOSUB 218:GOSUB 212:GOSUB 224:GOSUB 134:GOSUB 140
       T$=MID$(TE$(II%),K%,1):A%=ASC(T$)
         IF A%<128 THEN TX$=T$:GOSUB 204:CH$=T$:GOSUB 174:X%=X%+VAL(BR$)
         IF A%<128 AND SCAL%=1 THEN X%=X%+VAL(BR$)
         IF A%<128 THEN GOSUB 239:GOTO 4960
         IF A%=130 THEN GOSUB 124
         IF A%=131 THEN GOSUB 126
         IF A%=132 AND REV%=0 THEN GOSUB 216:REV%=1:GOTO 4960
         IF A%=132 AND REV%=1 THEN GOSUB 218:REV%=0
         IF A%=133 AND SHP%=0 THEN GOSUB 210:SHP%=1:GOTO 4960
         IF A%=133 AND SHP%=1 THEN GOSUB 212:SHP%=0
         IF A%=134 AND UND%=0 THEN GOSUB 222:UND%=1:GOTO 4960
         IF A%=134 AND UND%=1 THEN GOSUB 224:UND%=0
         IF A%=135 AND SCAL%=0 THEN GOSUB 132:SCAL%=1:GOTO 4960
         IF A%=135 AND SCAL%=1 THEN GOSUB 134:SCAL%=0
         IF A%=136 AND VER%=0 THEN GOSUB 138:VER%=1:GOTO 4960
         IF A%=136 AND VER%=1 THEN GOSUB 140:VER%=0
         IF A%=137 THEN GOSUB 4970
4960   K%=K%+1:IF K%<=T% THEN 4914
4965   RETURN

4970   CTYP$="":K%=K%+1
4971     IF MID$(TE$(II%),K%,1)=CHR$(137) THEN 4980
```

```
       CTYP$=CTYP$+MID$(TE$(II%),K%,1)
       K%=K%+1
         IF K%>T% THEN RETURN
4976   GOTO 4971
4980   GOSUB 190
       RETURN

5000   '-------------- Scaling/Rotation ---------------------
       FOR I%=1 TO LMA%
         FOR K%=1 TO 4
           PU(I%,K%)=0
         NEXT
       NEXT
5020   M%=1
5030   FOR I%=1 TO EMA%
         IF ENN%(I%)=NN% AND ELT%(I%)=1 THEN GOSUB 5100
         IF ENN%(I%)=NN% AND ELT%(I%)=2 THEN GOSUB 5060
       NEXT
       XX=XXS:YY=YYS:GOSUB 152:GOTO 1060
5060   XX=(CIRX(ELN%(I%))-XX0)*FAX:YY=(CIRY(ELN%(I%))-YY0)*FAY
       RAD=CIRAD(ELN%(I%))*FAY:RAD%=INT(2*F*RAD/3):RAD$=STR$(RAD)
         IF ALPH=0 THEN 5067
       XX1=XX:YY1=YY:XX=XX1*COS(ALPH)+YY1*SIN(ALPH)
       YY=-XX1*SIN(ALPH)+YY1*COS(ALPH)
5067   XX=XX+XXS:YY=YY+YYS
5070   GOSUB 320:GOSUB 239:GOSUB 150:GOSUB 1970
       RETURN

5100   PU(M%,1)=(LIX0(ELN%(I%))-XX0)*FAX:PU(M%,2)=(LIY0(ELN%(I%))-YY0)*FAY
       PU(M%,3)=(LIX1(ELN%(I%))-XX0)*FAX:PU(M%,4)=(LIY1(ELN%(I%))-YY0)*FAY
         IF ALPH=0 THEN 5200
       XX=PU(M%,1):YY=PU(M%,2)
       PU(M%,1)=XX*COS(ALPH)+YY*SIN(ALPH)
       PU(M%,2)=-XX*SIN(ALPH)+YY*COS(ALPH)
       XX=PU(M%,3):YY=PU(M%,4)
       PU(M%,3)=XX*COS(ALPH)+YY*SIN(ALPH)
       PU(M%,4)=-XX*SIN(ALPH)+YY*COS(ALPH)
5200   PU(M%,1)=PU(M%,1)+XXS:PU(M%,3)=PU(M%,3)+XXS
       PU(M%,2)=PU(M%,2)+YYS:PU(M%,4)=PU(M%,4)+YYS
       XX=PU(M%,1):YY=PU(M%,2):GOSUB 152:GOSUB 1950
       XX=PU(M%,3):YY=PU(M%,4):GOSUB 320:GOSUB 240:STRI%=0:GOSUB 1900
5250   M%=M%+1
       RETURN
5300   '----------Linie löschen physikalisch ---------------------
5310   XX=LIX0(LL%):YY=LIY0(LL%):GOSUB 320:GOSUB 239
         IF EFLAG%=1 AND PFLAG%=1 THEN 5316
         IF EFLAG%=1 THEN CTYP$="SMALL":GOSUB 190:TX$="E"+STR$(LL%):GOSUB 204:C
5316   EFLAG%=0:GOSUB 239
       XX=LIX1(LL%):YY=LIY1(LL%):GOSUB 320:GOSUB 242

5400   '----------Linie löschen logisch ---------------------------
       LIX0(LL%)=0:LIY0(LL%)=0:LIX1(LL%)=0:LIY1(LL%)=0
       RETURN
```

```
5420    '----------Kreis löschen physikalisch ---------------------
        XX=CIRX(LL%):YY=CIRY(LL%):GOSUB 320:GOSUB 239
        RAD%=INT(2*F*CIRAD(LL%)/3):RUL%=3:GOSUB 168
        PRINT E$+"P",RAD%
        RUL%=6:GOSUB 168:PRINT E$+"P",RAD%
        RETURN

5440    '----------Kreis löschen logisch -------------------------
        CIRX(LL%)=0:CIRY(LL%)=0:CIRAD(LL%)=0
        RETURN
5500    '----------Macro löschen physikalisch --------------------
        EFLAG%=1
        FOR K%=1 TO EMA%
          IF ENN%(K%)<>EL% THEN 5530
          IF ELT%(K%)=1 THEN LL%=ELN%(K%):GOSUB 5300
          IF ELT%(K%)=2 THEN LL%=ELN%(K%):GOSUB 5420
5530    NEXT
        RETURN
5600    '----------Macro löschen logisch -------------------------
        FOR K%=1 TO EMA%
          IF ENN%(K%)=EL% AND ELT%(K%)=1 THEN LL%=ELN%(K%):GOSUB 5400
          IF ENN%(K%)=EL% AND ELT%(K%)=2 THEN LL%=ELN%(K%):GOSUB 5440
          IF ENN%(K%)=EL% THEN ENN%(K%)=0:ELT%(K%)=0:ELN%(K%)=0
5630    NEXT
        RETURN

5700    '----------Macro zeichnen und bei FLS%=1 speichern ---------
        M%=1:XXS=XX:YYS=YY:EFLAG%=1
          IF PU(M%,1)=9999 THEN 5780
        XX=PU(M%,1):YY=PU(M%,2):GOSUB 320:GOSUB 239
          IF EFLAG%=1 THEN EFLAG%=0:CTYP$="SMALL":GOSUB 190:TX$="E"+STR$(NN%):GOS
          IF FLS%=1 THEN GOSUB 1950
        XX=PU(M%,3):YY=PU(M%,4):GOSUB 320:GOSUB 242
          IF FLS%=1 THEN GOSUB 1900
5760    M%=M%+1
          IF PU(M%,1)=0 AND PU(M%,2)=0 AND PU(M%,3)=0 AND PU(M%,4)=0 THEN XX=XXS:
        GOTO 5720
5780    XX=PU(M%,2):YY=PU(M%,3):GOSUB 320:GOSUB 239
        RAD%=INT(2*F*PU(M%,4)/3):PRINT E$+"P",RAD%
          IF FLS%=1 THEN GOSUB 1970
        GOTO 5760

5800    '------------- Bewege Element NN%,Rotation bei ALPH<>0 --------
        FOR I%=1 TO LMA%
          FOR K%=1 TO 4
            PU(I%,K%)=0:LNUM%(I%)=0
          NEXT
        NEXT
        M%=1:XXS=XX:YYS=YY
        FOR I%=1 TO EMA%
          IF ENN%(I%)=NN% AND ELT%(I%)=1 THEN XX0=LIX0(ELN%(I%)):YY0=LIY0(ELN%(I%
        NEXT
        FOR I%=1 TO EMA%
          IF ENN%(I%)=NN% AND ELT%(I%)=1 THEN GOSUB 5900
```

```
          IF ENN%(I%)=NN% AND ELT%(I%)=2 THEN GOSUB 5870
        NEXT
        GOTO 5940
870     PU(M%,1)=9999:PU(M%,2)=CIRX(ELN%(I%)):PU(M%,3)=CIRY(ELN%(I%))
        PU(M%,4)=CIRAD(ELN%(I%)):LNUM%(M%)=ELN%(I%):M%=M%+1
        RETURN
900     PU(M%,1)=LIX0(ELN%(I%)):PU(M%,2)=LIY0(ELN%(I%))
        PU(M%,3)=LIX1(ELN%(I%)):PU(M%,4)=LIY1(ELN%(I%))
        LNUM%(M%)=ELN%(I%)
        M%=M%+1
        RETURN
940     FLS%=0:GOSUB 5700
        M%=1
950       IF PU(M%,1)=9999 THEN 6070
        PU(M%,1)=PU(M%,1)-XX0:PU(M%,2)=PU(M%,2)-YY0
        PU(M%,3)=PU(M%,3)-XX0:PU(M%,4)=PU(M%,4)-YY0
          IF ALPH=0 THEN 5990
        XX1=PU(M%,1):YY1=PU(M%,2)
        PU(M%,1)=XX1*COS(ALPH)+YY1*SIN(ALPH)
        PU(M%,2)=-XX1*SIN(ALPH)+YY1*COS(ALPH)
        XX1=PU(M%,3):YY1=PU(M%,4)
        PU(M%,3)=XX1*COS(ALPH)+YY1*SIN(ALPH)
        PU(M%,4)=-XX1*SIN(ALPH)+YY1*COS(ALPH)
990     PU(M%,1)=PU(M%,1)+XXS:PU(M%,3)=PU(M%,3)+XXS
        PU(M%,2)=PU(M%,2)+YYS:PU(M%,4)=PU(M%,4)+YYS
        LIX0(LNUM%(M%))=PU(M%,1):LIY0(LNUM%(M%))=PU(M%,2)
        LIX1(LNUM%(M%))=PU(M%,3):LIY1(LNUM%(M%))=PU(M%,4)
030     M%=M%+1
         IF PU(M%,1)=0 AND PU(M%,2)=0 AND PU(M%,3)=0 AND PU(M%,4)=0 THEN 6060
        GOTO 5950
060     GOSUB 5700:ALPH=0:XX=XXS:YY=YYS
        RETURN
        PU(M%,2)=PU(M%,2)-XX0:PU(M%,3)=PU(M%,3)-YY0
          IF ALPH=0 THEN 6080
        XX1=PU(M%,2):YY1=PU(M%,3):PU(M%,2)=XX1*COS(ALPH)+YY1*SIN(ALPH)
        PU(M%,3)=-XX1*SIN(ALPH)+YY1*COS(ALPH)
080     PU(M%,2)=PU(M%,2)+XXS:PU(M%,3)=PU(M%,3)+YYS
        CIRX(LNUM%(M%))=PU(M%,2):CIRY(LNUM%(M%))=PU(M%,3)
        GOTO 6030

100     '---------- Bewegung (move) ------------------------------
        FOR I%=1 TO EMA%
          IF ENN%(I%)=NN% THEN XX=LIX0(I%):YY=LIY0(I%):I%=EMA%
        NEXT
        GOSUB 152
        RUL%=6:GOSUB 168
110     EIN$=INKEY$:IF EIN$="" THEN 6110
        A%=ASC(EIN$)
          IF A%=17 THEN YY=YY+DY:GOTO 6190
          IF A%=18 THEN YY=YY-DY:GOTO 6190
          IF A%=20 THEN XX=XX+DX:GOTO 6190
          IF A%=22 THEN XX=XX-DX:GOTO 6190
          IF EIN$="+" THEN ALPH=15*2*3.1415/360:GOTO 6190
          IF EIN$="-" THEN ALPH=-15*2*3.1415/360:GOTO 6190
```

```
           IF A%=13 THEN 1060
         GOTO 6110
6190     GOSUB 5800:GOTO 6110

7000     '------------ Clipping ---------------------------
         XXD=B1%/2:YYD=H1%/2
         XXC=XX00+XXD:YYC=YY00+YYD
         IX1%=0:CFLAG%=0
           IF PU(I%,1)<XX00 THEN IX1%=-1
           IF PU(I%,1)>XX00+B1% THEN IX1%=1
         IY1%=0
           IF PU(I%,2)<YY00 THEN IY1%=-1
           IF PU(I%,2)>YY00+H1% THEN IY1%=1
         IX2%=0
           IF PU(I%,3)<XX00 THEN IX2%=-1
           IF PU(I%,3)>XX00+B1% THEN IX2%=1
         IY2%=0
           IF PU(I%,4)<YY00 THEN IY2%=-1
           IF PU(I%,4)>YY00+H1% THEN IY2%=1
           IF (IX1%=IX2% AND IX1%<>0) OR (IY1%=IY2% AND IY1%<>0) THEN CFLAG%=1:RET
           IF (IX1%=0 AND IX2%=0 AND IY1%=0 AND IY2%=0) THEN CFLAG%=0:RETURN
         X1D=PU(I%,1)-XXC:Y1D=PU(I%,2)-YYC:X2D=PU(I%,3)-XXC:Y2D=PU(I%,4)-YYC
           IF IX1%=0 THEN 7300
           IF X2D=X1D THEN 7250
         XX=XXD*IX1%:Y1D=Y1D+(Y2D-Y1D)*(XX-X1D)/(X2D-X1D):X1D=XX
7250     IX1%=0:IY1%=0
           IF X1D<XXC-XXD THEN IX1%=-1
           IF X1D>XXC+XXD THEN IX1%=1
           IF Y1D<YYC-YYD THEN IY1%=-1
           IF Y1D>YYC+YYD THEN IY1%=1
7300       IF IY1%=0 THEN 7320
           IF Y2D=Y1D THEN 7320
         YY=YYD*IY1%:X1D=X1D+(X2D-X1D)*(YY-Y1D)/(Y2D-Y1D):Y1D=YY
7320       IF IX2%=0 THEN 7385
           IF X2D=X1D THEN 7340
         XX=XXD*IX2%:Y2D=Y1D+(Y2D-Y1D)*(XX-X1D)/(X2D-X1D):X2D=XX
7340     IX2%=0:IY2%=0
           IF X2D<XXC-XXD THEN IX2%=-1
           IF X2D>XXC+XXD THEN IX2%=1
           IF Y2D<YYC-YYD THEN IY2%=-1
           IF Y2D>YYC+YYD THEN IY2%=1
7385       IF IY2%=0 THEN 7400
           IF Y2D=Y1D THEN 7400
         YY=YYD*IY2%:X2D=X1D+(X2D-X1D)*(YY-Y1D)/(Y2D-Y1D):Y2D=YY
7400     IF ABS(X1D-X2D)<.0001 AND ABS(Y1D-Y2D)<.0001 THEN CFLAG%=1:RETURN
         PU(I%,1)=X1D+XXC:PU(I%,2)=Y1D+YYC
         PU(I%,3)=X2D+XXC:PU(I%,4)=Y2D+YYC:CFLAG%=0
         RETURN

8000     '------------- Sichern Bild ----------------------------
         OPEN "O",#1,NAM$+".BLD"
         WRITE#1,B%,H%
         N%=0
         FOR II%=1 TO EMA%
```

```
  IF ENN%(II%)<>0 THEN N%=N%+1
NEXT
WRITE#1,N%
FOR II%=1 TO EMA%
  IF ENN%(II%)<>0 THEN WRITE#1,ENN%(II%),ELN%(II%),ELT%(II%)
NEXT
N%=0
FOR II%=1 TO LMA%
    IF LIX0(II%)=0 AND LIX1(II%)=0 AND LIY0(II%)=0 AND LIY1(II%)=0 THEN E
  N%=N%+1
20      NEXT
WRITE#1,N%
FOR II%=1 TO LMA%
    IF LIX0(II%)=0 AND LIX1(II%)=0 AND LIY0(II%)=0 AND LIY1(II%)=0 THEN E
  WRITE#1,LIX0(II%),LIY0(II%),LIX1(II%),LIY1(II%)
0       NEXT
N%=0
FOR II%=1 TO MATE%
  IF TE$(II%)<>"" THEN N%=N%+1
NEXT
WRITE#1,N%
FOR II%=1 TO MATE%
  IF TE$(II%)<>"" THEN WRITE#1,TEX(II%),TEY(II%),TE$(II%)
NEXT
N%=0
FOR II%=1 TO MACI%
  IF CIRAD(II%)<>0 THEN N%=N%+1
NEXT
WRITE#1,N%
FOR II%=1 TO MACI%
  IF CIRAD(II%)<>0 THEN WRITE#1,CIRX(II%),CIRY(II%),CIRAD(II%)
NEXT
WRITE#1,BO%
FOR I%=1 TO BO%
  WRITE#1,BO(BO%,1),BO(BO,2),BO(BO%,3),BO(BO,4),BO(BO%,5),BO(BO,6),BO(BO
NEXT
WRITE#1,FIN%
FOR I%=1 TO FIN%
  WRITE#1,FLX(I%),FLY(I%),FTY%(I%)
NEXT
CLOSE#1
RETURN

00      '----------- Lesen Bild -----------------------------
OPEN "I",#1,NAM$+".BLD"
INPUT#1,B%,H%
INPUT#1,N%:EMA%=N%
FOR I%=1 TO N%
  INPUT#1,ENN%(I%),ELN%(I%),ELT%(I%)
NEXT
INPUT#1,N%:LMA%=N%
FOR I%=1 TO N%
  INPUT#1,LIX0(I%),LIY0(I%),LIX1(I%),LIY1(I%)
NEXT
```

```
       INPUT#1,N%
       FOR I%=1 TO N%
         INPUT#1,TEX(I%),TEY(I%),TE$(I%)
       NEXT
       INPUT#1,N%
       FOR I%=1 TO N%
         INPUT#1,CIRX(I%),CIRY(I%),CIRAD(I%)
       NEXT
       INPUT#1,BO%
       FOR I%=1 TO BO%
         INPUT#1,BO(BO%,1),BO(BO,2),BO(BO%,3),BO(BO,4),BO(BO%,5),BO(BO,6),BO(BO%
       NEXT
       INPUT#1,FIN%
       FOR I%=1 TO FIN%
         INPUT#1,FLX(I%),FLY(I%),FTY%(I%)
       NEXT
       CLOSE#1
       RETURN
9000   '------------ Hilfsmenu ----------------------------
       GOSUB 232:PRINT "                              ++++++  HILFE   +++++++"
       PRINT
       PRINT "    Im Graphik-Mode:"
       PRINT
       PRINT "    B    -   Bogen von fixiertem Punkt (F4) zu Position"
       PRINT "              mit angegebenem Radius"
       PRINT "    C    -   Clear : Löschen Bildschirm"
       PRINT "    E    -   Macro     N)eu setzen"
       PRINT "                        D)uplizieren"
       PRINT "                        K)orrigieren"
       PRINT "                        L)öschen"
       PRINT "    H    -   Hilfsfunktion"
       PRINT "    L    -   Linie editieren"
       PRINT "    N    -   Postioniere auf Nullpunkt"
       PRINT "    O    -   Original Graphik auf Bildschirm"
       PRINT "    Z    -   Zoom : Ausschnittvergrößerung"
       PRINT "    !    -   Anzeige Linien-Nummer"
       PRINT "    ?    -   Anzeige Macro-Nummer"
       PRINT "    x/y  -   Positioniere in x/y-Koordinaten"
       PRINT
       INPUT "    Ende  * ";X$
       GOSUB 234
       RETURN
```

VIII Literatur

Abkürzungen

AAP	Advanced Applied Probability
AI	Angewandte Informatik
AMS	Annals of Mathematical Statistics
EJOR	European Journal of Operational Research
JORS	Journal of the Operational Research Society
JORSJ	Journal of the Operational Research Society of Japan
MR	Microelectronics and Reliability
MS	Management Scienes
NRLQ	Naval Research Logistics Quarterly
OR	Operations Research
SIM	Simulation
TOR	IEEE Transactions on Reliability
ZOR	Zeitschrift für Operations Research

Abraham,J. [1979]
An Improved Algorithm for Network Reliability,TOR, Vol.R-28,1,pp.58-61

Aehringhaus,K.-D.;Klewin,R.;u.a. [1980]
Simulationstechnik, Eine Einführung im Medienverbund Fernsehen,Seminare,Lehrbuch, Düsseldorf

Aggarwal,K.;Rai,S. [1973]
A New Method for System Reliability Evaluation, MR, Vol.12,pp.435-440

Aggarwal,K.;Gupta,J.;Misra,K. [1975]
A new heuristic criterion for solving a redundancy optimization, TOR,Vol.R-24,1,pp.86-87

Akers,S. [1959]
On a Theory of Boolean Functions, SIAM, Journal of appl. Math.,Vol.7,pp.487-498

Allan,R.;Billington,R. [1976]
An Efficient Algorithm for Deducing the Minimal Cuts and Reliability Indices of a General Network Configuration, TOR,Vol.R-25,4,pp.226-233

Amster,S.J.; Shooman,M.L. [1975]
Software Reliability: An Overview, Reliability and Fault Tree Analysis, SIAM, Philadelphia,pp.655-677

Anderson,T. [1977]
Software Fault-Tolerance: A System Supporting Fault-Tolerant Software, INFOTECH State of the Art Conference on Reliable Software, London

Angell,I.O. [1983]
Graphische Datenverarbeitung, Hanser Verlag, München

Annino,J.S. [1981]
The Seven Most Frequent Causes of Simulation Analysis Failure - and How to Avoid Them, Interfaces 11,3,pp.59-63

Ansell,J.S. [1984]
Age replacement under alternative cost criteria, MS, 30, 3,pp.358-367

Arjas,E. [1981]
The failure and hazard processes in multivariate reliability systems, Mathematics fo Operations Research,6,4,pp.551-562

Armor,D.J. [1974]
Toward A Unified Theory Of Reliability For Social Measurment, The Rand Corporation, Santa Monica, California, 90406,P-5264

Armstadter,B. [1971]
Reliability Mathematics: Fundamentals, Practices, Procedures, McGraw Hill, New York

Arnborg,S. [1978]
Reduced State Enumeration - Another Algorithm for Reliability Evaluation, TOR,Vol.R-27,2,pp.101-105

Arunkumar,S.;Lee,S. [1979]
Enumeration of All Minimal Cut-Sets for a Node Pair in a Graph, TOR,Vol.R-28,1,pp.51-55

Austin,J.S. [1984]
Cost effectivness of reliability and maintenance technology, Maintenance Management International (Netherlands),4,3, pp.175-180

Azadivar,F.;Talavage,J. [1980]
Optimization of Stochastic Simulation Models, Mathematics and Computers in Simulation,22,3,pp.231-241

Ball,M.O. [1979]
Computing Network Reliability, OR, 27,4,pp.823-838

Barlow,R.E.;Hunter,L.C. [1960]
Reliability Analysis of a One-Unit System, OR,9,2,pp.200-208

Barlow,R.E.; Proschan,F. [1965]
Mathematical Theory of Reliability, John Wiley, New York

Barlow,R.E. [1968]
Some Recent Developments in Reliability Theory, Selected Statistical Papers 2, Mathematical Centre Tracts 27, European Meeting 1968, Amsterdam, pp.49-65

Barlow,R.E.; Proschan,F. [1975]
Statistical Theory of Reliability and Life Testing, New York

Basker,B.A. [1977]
Comparison of Availibility Results Evaluated by Numerical and Analytical Methods for the Exponential Case, MR, 16, 5, pp.567-569

Bass,L.; Wynholds,H.W.; u.a. [1975]
Fault Tree Graphics, Reliability and Fault Tree Analysis, SIAM Philadelphia,pp.913-927

Bauer,H. [1964]
Wahrscheinlichkeitstheorie und Grundzüge der Maßtheorie, Gruyter, Berlin

Bauknecht,K.; Kohlas,J.; Zehnder,C.A. [1976]
Simulationstechnik, Entwurf und Simulation von Systemen auf digitalen Rechenautomaten, Springer, Berlin

Bauknecht,K.; Pircher,P. [1980]
Schwerpunkte und Grenzen in der Behandlung von Modellen für Computersysteme durch Simulation und durch Analytische verfahren, OR Spektrum, 2, 1,pp.41-46

Bazovsky,I. [1965]
Reliability, Theory and Practics, Englewood Cliffs, Prentice Hall

Becker,P.W. [1972]
Ranking The Reliability Of Two Designs By Monte Carlo Techniques, Nato Conference: Reliability Testing and Reliability Evaluation, The Hague, Netherlands

Becker,P.W. [1974]
Finding The Better Of Two Similar Designs By Monte Carlo Techniques, TOR,23,4,pp.242-246

Beichelt,F. [1970]
Zuverlässigkeit und Erneuerung, Reihe Automatisierungstechnik, 101, VEB Verlag Technik, Berlin

Beichelt,F. [1981]
The Availability of Replaceable Single-Unit Systems in Case of Cost Restrictions and Partial Information on Lifetime Distribution, Optimization, 12, 3,pp.453-461

Bekey,G.A. [1977]
Models and reality: some reflections on the art and science of simulation, SIM, Nov.1977,pp.161-164

Ben-Dov,Y. [1980]
Optimal Reliability design of K-out-of-N Systems Subject to Two Kinds of Failure, JORS,31,8,pp.743-748

Bendell,A.;Humble,S. [1981]
Optimum Redundancy With Equipment That Operates and Idles, JORS, 32, 10,pp.875-884

Beraha,D.; Misra,K.B. [1974]
Reliability optimization through random search algorithm, MR, 13,pp.295-297

Berman,M.; Westcott,M. [1983]
On Queueing Systems with Renewal Departure Processes,AAP, 15,pp.657-673

Bernoulli,J. [1713]
Ars conjectandi, Basileae

Biethahn,J. [1978]
Optimierung und Simulation, neue betriebswirtschaftliche forschung, Gabler

Biles,W.E.; Swain,J.J. [1979]
Mathematical Programming and the Optimization of Computer Simulations, Math.Prog. Study,11,pp.189-207

Birnbaum,Z.W.; Saunders,S.C. [1958]
A statistical model for life-testing of materials, Journ. Amer.Statist. Assoc.,53,281,pp.151-160

Birnbaum,Z.W.; Esary,J.; Saunders,S.C. [1961]
Multicomponent Systems and Structures and Their Reliability, Technometrics,12,2,pp.55-77

Birnbaum,Z.W.; Esary,J. [1965]
Modules of Coherent Binary Systems, SIAM, Journal of Applied Mathematics,13,pp.444-462

Brodlie,K.W. [1980]
Mathematical Methods in Computer Graphics and Design, London

Busacker,R.G.; Saaty,T.L. [1968]
Endliche Graphen und Netzwerke, Oldenbourg, München

Buzacott,J.A. [1983]
A recursive algorithm for directed-graph reliability, Networks,13,2,pp.241-246

Buzacott,J.A. [1970]
Network approaches to finding the reliability of repairable systems, TOR,Vol.R-19,pp.140-146

Campell,N.R. [1941]
The replacement of perishable members of a continually operating system, JORS,7,pp.110-130

Carnap,R. [1971]
Logical Foundations of Probability, University of Chicago Press, London

Chlamtac,I.; Franta,W.R. [1982]
A generalized simulator for computer networks, SIM,39,4, pp.123-132

Christofides,N. [1978]
Graph Theory, An Algorithmic Approach, Academic Press, London

Chung,K.L. [1960]
Markov Chains with Stationary Transition Probabilities, Springer, Berlin

Cinlar,E. [1972]
Introduction to Stochastic Processes, Englewood Cliffs,N.J.

Corley,H.W.; Golnabi,H. [1983]
Minimax trees, paths, and cut sets, NRLQ,30,4,pp.665-666

Cox,D.R. [1962]
Renewal theory, Methuen, London

Cox,D.R.; Lewis,P. [1966]
The statistical analysis of series of events, Methuen,London

Cross,M.; Gibson,R.D.; O´Carroll,M. [1979]
Modelling and Simulation in Practice, Pentech Press, Plymouth

Curtin,K.M. [1959]
A Monte Carlo Approach To Evaluate Multimoded System Reliability, OR,7,pp.721-727

Daduna,H.; Schaßberger,R. [1983]
Networks of Queues in Discrete Time, ZOR,27,pp.159-175

Dahl,O.; Nygaard,K.; [1965]
SIMULA Language for Programming and Description of Discrete Event Systems, Norwegian Computing Centre, Oslo

Deland,E.C.; Bekey,G.A. [1972]
Interactive Computer Simulation, The Rand Corporation, Santa Monica, California, 90406,P-4791

De Souza Borges,W.; Rodrigues, F. [1983]
An axiomatic characterization of multistate coherent structures, Mathematics of Operations Research,8,3,pp.435-438

Deutsche Gesellschaft für Qualität e.V. [1977]
Zuverlässigkeit, Einführung in die Planung und Analyse

Dixie,J.M. [1977]
1976 Survey of Research Work in Simulation, The Operational Research Society, Birmingham

Doob,J.L. [1953]
Stochastic Processes, John Wiley, New York

Doshay,I. [1971]
On-Line System Availability And Service Simulation (OLSASS), TOR,Vol.20,3,pp.142-147

Dynkin,E.B. [1961]
Die Grundlagen der Theorie der Markoffschen Prozesse, Springer, Berlin

Eggensperger,R. [1981]
Design eines interaktiven didaktisch orientierten Methodenbanksystems, AI,9,pp.394-399

El-Neweihi,E. [1980]
A Relationship Between Partial Derivates of the Reliability Function of a Coherent System and its Minimal Path (Cut) Sets, Mathematics of Operations Research,5,4,pp.553-555

Ellison,D.; Herschdorfer,I.; Wilson,J.T. [1982]
Interactive simulation on a microcomputer,SIM,38,5,pp.161-176

Emshoff,J.R.; Sisson,R.L. [1972]
Simulation mit dem Computer, Verlag moderen industrie,München

Enzmann,W. [1973]
Ein Algorithmus zur Berechnung von Zuverlässigkeitsdaten komplexer redundanter Systeme, AI,15

Esary,J.; Proschan,F. [1963]
Coherent Structures with Non-Identical Components, Technometrics,5,pp.191-209

Feller,W. [1941]
On the integral equation of renewal theory, Ann.Math.Stat., 12,pp.243-267

Feller,W. [1957]
An Introduction to Probability and Its Application, New York

Fishman,G.S. [1978]
Principles of Discrete Event Simulation, John Wiley,New York

Fisz,M. [1966]
Wahrscheinlichkeitsrechnung und mathematische Statstik, Verl. der Wissenschaft, Berlin

Ford,L; Fulkerson,D. [1962]
Flows in Networks, Princeton University Press, Princeton,N.J.

Franta,W.R. [1977]
The Process View of Simulation, North-Holland Publ.,Amsterdam

Fussell,J.B.; Vesely,W. [1972]
A New Methodology for Obtaining Cut Sets, American Nuclear Society Transactions,15,1,pp.262-263

Fussell,J.B. [1974]
MOCUS - A Computer Program to Obtain Minimal Cut Sets, Aerojet-Nuclear Company, Idaho Falls, Idaho

Fussell,J.B.; u.a. [1974]
Fault Trees - A State of the Art Discussion, TOR,Vol.R-23,1, pp.51-55

Fussell,J.B.; Vesely,W. [1975]
Computer Aided Fault Tree Construction, Reliability and Fault Tree Analysis, SIAM, Philadelphia,pp.37-56

Futura,H.; Shiraishi,N [1984]
Fuzzy importance in fault tree analysis, Fuzzy Sets and Systems 12,3,pp.205-213

Gaede,K.-W. [1977]
Zuverlässigkeit Mathematische Modelle, Hanser, München

Gammill,R.C. [1975]
Software Reliability: Philosophical Underpinnings, International Conference on Software Reliability, Los Angeles

Gebhardt,D. [1969]
Theorie der Zuverlässigkeit von Systemen, OR-Gruppe der IABG, MS-55

Gebhardt,D. [1972]
Zuverlässigkeit, OR-Gruppe der IABG, MS_168/3

Gernoth,B. [1979]
Die Simulation Zeitdiskreter Systeme mit GPSS-FORTRAN, OR Spektrum,1,1,pp.69-73

Giloi,W. [1967]
Simualtion und Analyse stochastischer Vorgänge, Oldenbourg

Gnedenko,B.W.; Beljajew,J.K. [1968]
Mathematische Modelle der Zuverlässigkeitstheorie I+II, Akademie Verlag, Berlin

Gottlieb,G. [1981]
Asymptotic Failure Distributions, Stochastic Processes and their Applications, Netherlands,11,1,pp.47-56

GPSS [1963]
General Purpose System Simulator II, Reference Manual, IBM-DP B20-6346

Grant Ireson,W. [1966]
Reliability Handbook, McGraw Hill, New York

Groner,G.F.; Clark,R.L. [1973]
An Interactive Computer Graphics System For Simulating Dynamic Systems, The Rand Corporation, Santa Monica, Calif., 90406,P4985

Grouchko,D.(Hrsg.) [1969]
Operations Research And Reliability Proceedings of a Nato Conference, Turin, Italy, June 24 - July 4 1969, Gordon and Breach, New York

Gänssler,P.; Stute,W. [1977]
Wahrscheinlichkeitstheorie, Springer, Berlin

Görke,W. [1969]
Zuverlässsigkeitsprobleme elektronischer Schaltungen, Mannheim

Gutenberg,E. [1967]
Die Grundlagen der Betriebswirtschaftslehre, Berlin.New York

Hamacher,H.W. [1982]
An O(k*n**4) algorithm for finding the best cuts in a network, Operations Research Letters, Netherlands,1,5,pp.186-189

Hamacher,H.W.; Picard,J.-C. [1984]
On finding the k best cuts in a network, Operations Research Letters,Netherlands,2,6,pp.303-305

Harary,F. [1974]
Graphentheorie, Oldenbourg, München

Hammersley,J.M.; Handscomb,D.C. [1965]
Monte Carlo Methods, John Wiley, New York

Henrikson,J.O. [1983]
The integrated simulation enviroment (simulation software of the 1990s), OR,31,6,pp.1053-1073

Hinderer,K. [1972]
Grundbegriffe der Wahrscheinlichkeitstheorie, Springer,Berlin

Hollingdale.S.H. [1965]
Digital Simulation in Operations Research, English University Press, London

Holst,P. [1979]
Computer Simulation 1951-1976, An Index to the Literature, Mansell Publ., London

Hosford,J.E. [1959]
Measures of Depndability, OR,8,1,pp.53-64

Hummitzsch,P. [1965]
Zuverlässigkeit von Systemen, Reihe Automatisierungstechnik, 28, Braunschweig

Hurrion,R.D.; Wihers,S. [1982]
The interactive development of visual simualtion models, OR,33,11,pp.973-975

Hwang,C.L.; Lai,K.; Tillman,F. [1975]
Optimization Of System Reliability By The Sequential Unconstrained Minimization Technique, TOR,Vol.R-24,pp.133-135

Höfle-Isphording,U. [1978]
Zuverlässigkeitsrechnung, Einführung in ihre Methoden, Springer, Berlin

Inagaki,T.; Inoue,K.; Akashi,H. [1979]
Interactive Optimization Of System Reliability Under Multiple Objectives. TOR,Vol.R-28,pp.73-78

Isphording,U. [1968]
Methoden zur Berechnung von Zuverlässigkeitsgrößen redundanter komplexer Systeme, Archiv der elektr. Übertrag.,22,pp.337-342

Jaeger,A.; Wenke,K. [1969]
Lineare Wirtschaftsalgebra, Stuttgart

Jeffreys,H. [1939]
Theory of Probability, Oxford

Jennergren,L.P. [1983]
Another Method for Random Number Generations on Microcomputers, SIM,41,2,p.79

Jennergren,L.P. [1983]
Simulation in Microcomputers revisted, JORS,34,11,pp.1053-1056

Kamat,S.J.; Riley,M.W. [1975]
Determination Of Reliability Using Event-Based Monte Carlo Simulation, TOR,Vol.R-24,1,pp.73-75

Kaufman,A.; Grouchko,D.; Groun,R. [1977]
Mathematical Models for the Study of Reliability of Systems, Academic Press

Kaufmann,A. [1970]
Zuverlässigkeit in der Technik, Oldenbourg, München

Keim,H. [1980]
Die Erhöhung der Sicherheit von Mikrocompuetsystemen, AI,2, pp.45-50

Keynes,J.M. [1921]
A Treatise On Probability, London

Khintchine,A. [1932]
Mathematisches über Erwartung von einem öffentlichen Schalter, Matem. Sbormik

Khintchine,A. [1969]
Mathematical methods in the theory of queueing, Griffin, London

Kilger,W. [1958]
Produktions- und Kostentheorie, Wiesbaden

Kistner,H.-P. [1974]
Betriebsstörungen und Warteschlangen, Die Erfassung störungsbedingter Stauungen und Warteschlangen, Westdeutscher Verlag, Opladen

Kistner,K.-P. [1974]
Die Zuverlässigkeit eines Systems mit redundanten störanfälligen Komponenten und Reparaturmöglichkeiten, ZOR,18, pp.117-129

Kistner,K.-P.; Subramanian; Venkatakrishna [1976]
Reliability of a Repairable System with Standby Failure, OR,24,1,pp.169-176

Kistner,K.-P. [1981]
Zuverlässigkeit und Verfügbarkeit redundanter Systeme mit vorbeugender Wartung, Bielefeld

Kleijnen,J.P. [1982]
Statistical aspects of a simulation: An updated survey, Statistica Neerlandica,36,4,pp.165-187

Kodama,M. [1976]
Probabilistic Analysis of a Multicomponent Series-Parallel System under Premptive Repeat Repair Discipline, OR,24,3, pp.500-515

Kohlas,J. [1977]
Stochastische Methoden des Operations Research, Teubner, Stuttgart

Kohlas,J. [1979]
Einfache Berechnungsverfahren für Zuverlässigkeitsanalysen, Output,5,pp.29-37

Kohlas,J. [1982]
Stochastic Methods of Operations Research, Cambridge University Press, Cambridge, London

Kolmogoroff,A. [1933]
Grundbegriffe der Wahrscheinlichkeitstheorie, Berlin

Kopetz,H. [1976]
Softwarezuverlässigkeit, Computer Monographien,11,Hansen, München

Korites,B.J. [1981]
Graphic Software for Microcomputers, Kern Publ., Duxbury

Kozlov,B.A.; Ushakov,I.A. [1970]
Reliability Handbook, New York

Köcher,D.; Matt,G; u.a. [1972]
Einführung in die Simulationstechnik, DGOR-Schrift Nr.5

Kumamoto,H.; Tanaka,K.; Inoue,K. [1977]
Efficient Evaluation Of System Reliability By Monet Carlo Method, TOR,Vol-26,5,pp.311-315

Lachenmann,G. [1971]
Beitrag zur Ermittlung der zuverlässigkeit technischer Systeme (rechnergestütze Verfahren), Dissertaion, TH-Karlsruhe

Lambert,H.E. [1975]
Measure of Importance of Events and Cut Sets in Fault Trees, Reliability and Fault Tree Analysis, SIAM, Philadelphia, pp.77-100

Laplace,P.S. [1812]
Théorie analytique des probabilités, Paris

Lehmer,D.H. [1951]
Mathematical methods in large-scale computing units, Proc. Second Symposium on Large-scale Digital Calculating Machinery, Harvard University Press, Cambridge, Mass.141-6

Levy,L.L, Moore,A.H. [1967]
A Monte Carlo Technique For Obtaining System Reliability Confidence Limits From Component Test Data, TOR,Vol.16,2, pp.69-72

Lloyd,D.K.; Lipow,M. [1964]
Reliability: Management, Methods and Mathematics, Englewood Cliffs, Prentice Hall

Loève,M. [1963]
Probability Theory, van Nostrand, Princeton,London

Luus,R. [1975]
Optimization of System Reliability by a New Nonlinear Integer Programming Procedure, TRO,Vol.R-24,1,pp.14-15

Mamoru,O.; Kouichi,A.; Masanori,K [1979]
Reliability Analysis for One-unit System When Failure Prcess and Repair Process are Not Statistically Independent, Trans. of the Institute of Electronics and Communication Engineers of Japan,J62-A,pp.428-435

Markowitz,H.M.; Hausner,B.; Karr,H. [1963]
SIMSCRIPT a Simulation Programming Language, Prentice Hall

Marsaglia,G. [1961]
Expressing A Random Variable in Terms Of Uniform Random Variables, Ann. of Math. Stat.,32,pp.894-898

Martins,E.Q. [1984]
On a multicriteria shortest path problem, EJOR, Netherlands, 16,,2,pp.236-245

Masao,I.; Katsuaki,A. [1980]
A Graphical Approach to the Problem of Locating the Origin of the System Failure, JORSJ,23,4,295-311

Mazumdar,M. [1975]
Importance Sampling in Reliability Estimation, Reliability and Fault Tree Analysis, SIAM, Philadelphia,pp.153-164

McCall,M.; Lombardo,M. [1982]
Using simulation for leadership and management research; Through the looking glass, OR,28,5,pp.533-549

Messerschmidt-Bölkow-Blohm [1971]
Technische Zuverlässigkeit, Springer, Berlin

Mises,R.v. [1919]
Grundlagen der Wahrscheinlichkeitsrechnung, Math. ZS.5, pp.52-99

Misra,K. [1970]
An Algorithm for the Reliability Evaluation of Redundant Networks, TOR,Vol.R-9,pp.146-151

Misra,K.; Ljubojevic,M.D. [1973]
Optimal Reliability Design Of A System: A New Look, TOR, Vol.R-22,pp.225-258

Misra,K. [1975]
On Optimal Reliability Design: A Review, Proc. 6th Triennial IFAC, World Congress, Bostan

Mueller,R.A.; Georg,D.; Johnson,G.R. [1977]
A random number generator for microprocessors, Microprocessors in Simulation, SIM,4,pp.123-127

Murchland,J.D. [1975]
Fundamental Concepts and Relations for Reliability Analysis of Multi-State Systems, Reliability and Fault Tree Analysis, SIAM, Philadelphia,pp.577-578

Myers,G.J. [1976]
Software Reliabilty, Principles and Practices, John Wiley, New York

Nagel,P.M. [1966]
Importanve Sampling in System Simulation, Fifth Annual Conf. on Reliability and Maintainability, New York

Naik,D.N. [1984]
A Method for Estimating teh Parameters of Reliability Models, NRLQ,31,pp.493-498

Nakagawa,T.; Osaki,S. [1976]
Reliability Analysis Of A One-unit System With Unrepairable Spare Units And Its Optimization Applications, OR-Quarterly, 27,1,pp-101-110

Nakagawa,T.; Hattori,Y. [1979]
Reliability Optimization With Multiple Properties And Integer Variables, TOR,Vo.R-28,pp.73-78

Nakagawa,T. [1981]
Generalized Models for Determining Optimal Number of Minimal Repairs before Replacement, JORSJ,24,4,pp.325-337

Newman,W.M.; Sproull,R.F. [1979]
Principles of Interactive Computer Graphics, New York

Niemeyer,G. [1972]
Die Simulation von Systemabläufen mit Hilfe von FORTRAN IV, Gruyter, Berlin

Noltemeier,H. [1976]
Graphentheorie, Gruyter, Berlin

Ong,S.L. [1984]
Optimization of system reliability by adaptive randomly directed search, Operations Research Letters,2,6,pp.291-296

Opfermann,K. [1968]
Zuverlässigkeit produktiver Systeme, Dissertation, Münster

Pasquier,J. [1983]
IRAP-NETRELAP: An Interactive System For Reliability Computation, Dissertation, University of Fribourg

Pearson,G. [1977]
Computer Programm for Approximating the Reliability Characteristics of Acyclic Directed Graphs, TOR,Vol.R-26,1, pp.32-37

Peters,O. [1970]
Programme für digitale Rechenanlagen zur Funktions-, Toleranz- und zuverlässigkeitsanalyse, Ber.53/1970, TU Berlin

Picard,J.-C.; Queyranne,M. [1982]
Selected applications of minimum cuts in networks, INFOR, Canada,20,4,pp.394-422

Reichenbach,H. [1915]
Der Begriff der Wahrscheinlichkeit für die mathematische Darstellung der Wirklichkeit, Erlangen

Reichenbach,H. [1932]
Axiomatik der Wahrscheinlichkeitsrechnung, Math.ZS.,34, pp.568-619

Reinschke,K. [1973]
Zuverlässigkeit von Systemen, Bd.1+2, Berlin

Richter,H. [1966]
Wahrscheinlichkeitstheorie, Springer, Berlin

Roberts,L.; Wessler,B. [1973]
The APRA Network, Computer Communication Network, Prentice Hall

Roberts,N.; Andersen,D. Deal,R. [1983]
Introduction to Computer Simulation, The System Dynamics Approach, Addison-Wesley, Reading

Sakawa,M. [1978]
Multiobjective Reliability And Redundancy Optimization Of A Series-Parallel System By The Surrogate Worth Trade-Off Method, MR, 17,4,pp.465-467

Sakawa,M. [1978]
Multiobjective Optimization By the Surrogate Worth Trade-Off Method, TOR,Vol.R-27,5,pp.311-314

Sakawa,M. [1980]
Decomposition approaches to large-scale multobjective reliability design, Journal of Information and Optimization Sciences India,1,2,pp.103-120

Sandler,G.H. [1963]
System Reliability Engineering, Englewood Cliffs, Prentice Hall

Santyanarayana,A.; Chang,M.K. [1983]
Network reliability and the factoring theorem, Networks,13, 1,pp.107-120

Schallop,B. [1971]
Fehlerbäume und Rechenregeln für das Ausfallverhalten logischer Schaltungen, Int. elektr. Rundschau,pp.7-10

Scheifele,M.; Warschat,J. [1983]
Ereignisorientierte Simulationssprachen - Ein Überblick, Applied Systems Analysis,4,3,pp.125-133

Schmeiser,B. [1982]
Batch size effects in the analysis of simulation output,OR, 30,3,pp.556-568

Schmetterer,L. [1966]
Einführung in die mathematische Statistik, Springer, Berlin

Schneeweiss,W. [1973]
Zuverlässigkeitstheorie, Springer, Berlin

Shooman,M.L. [1968]
Probabilistic Reliability, An Engineering Approach, McGraw Hill, New York

Shooman,M.L. [1977]
Software Reliability Models and Measurement, INFOTECH, State of the Art Conference on Reliable Software, London

Schoemaker,S. [1978]
Computer Networks and Simulation, North-Holland Publ.,Amsterdam

Shogan,A.W. [1976]
Sequential Bounding Of reliability Of A Stochastic Network, OR,24,6,pp.1027-1044

Smith,S.A.; Oren,S.S. [1980]
Reliability Growth of Repairable Systems, NRLQ,27,4,pp.539-547

Störmer,H. [1970]
Mathematische Theorie der Zuverlässigkeit, München

Sullivan,R.S.; Hayya,J.C. [1982]
Efficiency of teh Antithetic Variate Method for Simulating Stochastic Networks, MS,28,5,pp.563-572

Takacs,L. [1962]
Introduction to the Theory Of Queues, New York

Takacs,L. [1972]
Stochastic Processes, Methuen, London

Tillman,F.; Hwang,C.; Kuo,W. [1980]
Optimization of Systems Reliability, Industrial Engineering, New York

Tocher,K.D. [1967]
The Art of Simulation, English University Press, London

Tufekci,S [1981]
Decomposition algorithms for minimal cut problems, NRLQ, OR,28,3,pp.431-445

Völzgen,H. [1971]
Stochastische Netzwerkverfahern und deren Anwendungen, Gruyter, Berlin

Wartmann,R. [1969]
Einführung in die mathematische Statistik für die Betriebs-praxis, Springer, Berlin

Wartmann,R.; Chamoni,P. [1982]
Simulation betrieblicher Abläufe, Vorlesungsmanuskript Sommersemster 1982, Ruhr-Universität Bochum

Weibull,W. [1939]
A statistical theory of the strenght of materials, Ing. Vetenskps Akad. Handl.,151

Willie,R. [1980]
A Theorem Concerning Cyclic Directed Graphs with Applications to Network Reliability, Networks,10,1,pp.71-78

Wöhe,G. [1964]
Einführung in die Betriebswirtschaftslehre, Berlin